令和時代の子育て戦略

下園壮太

講談社

令和時代の子育て戦略　目次

第３章　子育ては親自身の成長のチャンス

第4章　子どもの悩みの支え方――具体的スキル

はじめに――今の子育てが〝危ない〟

子どもには幸せになってほしい。これはすべての親が持つ気持ちでしょう。ですから、つい子育てには力が入ってしまいます。特に最近は、子育てに関する様々な情報がネットなどにも溢れているのでなおさらです。

よかれと思い様々な情報を試してみます。でもそれが子どもに受け入れられなかったりすると、親として自己嫌悪になったり、不安になったりします。成長や学習が遅れると心配。友達ができないと心配。スマホばかり見ていると心配。学校を休みがちになると心配。友達とケンカをしている様子だと、いじめられていないかと心配……。

このように子育てをとても大切にし、子ども中心の生活をしていらっしゃる親御さんは大変多いのではないでしょうか。このような態度を、本書では「情熱子育て」と呼びます。

一方、「子育てなんて特に難しくない。愛情を持ってさえいれば、自然に子どもは成長していくものだ」と考える親御さんも少なくないと思います。「特別なことをしない、普通の子育てで十分、いや普通が一番」という考え方です。これを「普通子育て」と呼びましょう。

私は元幹部自衛官のカウンセラーです。教育のプロではありません。ただ、幹部自衛官として培ってきた「現状分析、将来予測、対策立案」の思考で、カウンセリングなどで接する若い親御さんとお子さんの環境を分析し、将来を予測すると、皆さんの「情熱子育て」や「普通子育て」に、切羽詰まった「危うさ」を感じているのです。

本書で詳しく説明しますが、「情熱子育て」や「普通子育て」の危険性とは、簡単にいうと、将来が読めない中で子どもに強い価値観を刷り込みすぎる可能性がある、ということです。

子育ての一般的な目標は、「その子どもが大人になったときに、幸せになってほしい」であるはずです。でも、私たちは、子どもが大人になったときをきちんと想像し、そのとき「何が幸せの要素として必要となるか」をしっかり考えてから子育てに臨んでいるでしょうか。

現状分析、将来予測の思考で行くと、テレビ番組のチコちゃんのセリフではないですが、ボーッと子育てをしていると、子どもに負の遺産を負わせかねないのです。

では、親はどうすればいいのでしょうか。

一つの対策として、本書で私が提唱するのが「戦略子育て」です。しっかり先を読んで、未来の時代に子どもが幸せになれるために必要な要素を、今、教育していくスタイルです。

「戦略子育て」でどのポイントを押さえていくかについては、これから詳しく解説していくとして、まずは序章では、一人の女性の〝未来ストーリー〟をのぞいてみてください。

ただ、本書を手に取った方の中で、今まさにお子さんが苦しんでいて、親としてどう対応するべきか、切羽詰まった状況にある方もいらっしゃると思います。そのような場合は、どうぞ先に、第4章「子どもの悩みの支え方」をお読みください。この章では、カウンセリング技術も含めつつ、具体的な方法を紹介しています。

序章

A子さんの未来ストーリー

ハンバーガー店勤務のA子さん

「いらっしゃいませ」

令和30年（２０４８年）、A子さんは35歳。自動運転の車とドローンが行き交う街の、とあるハンバーガー店にアルバイトとして働いています。

A子さんは、自他共に認める「しっかりさん」。今日もマニュアル通りの口角を上げた表情でニッコリ、一日6時間、次から次へとお客様を迎えていきます。

A子さんがつとめるお店では、オーダー受けも精算も調理も包装も、すべて自動システムが請け負います。A子さんのような店員の仕事は、注文操作の手伝いや、お年寄りや小さい子どもへの対応、クレーム対処などです。クレーム対処はみんなが嫌がる仕事ですが、A子さんはコワモテのお客様にもひるまずに、マニュアル通りにクールに対応をするので、最近入ってきた新人アルバイトから「検事みたいっすね」と言われるほどです。

A子さんのシフトが終わる午後1時になりました。

「お疲れ様でした」

くださいね」

「お疲れっす、じゃなくて、お疲れ様でした、です。お店のルールですから、ちゃんと覚えて

「あ、お疲れっす」

と、A子さんがやんわり言うと、新人クンも近くにいた店長もハッと固まりました。

お店を上がり、更衣室に向かいながら、A子さんはため息をつきます。朝から働いて体が重たい感じ。でもこれからA子さんには深夜までみっちり、半年後に控えた司法試験のための勉強が待っているのです。

そう、正義感が強いA子さんは、子どものころから弁護士志望。新人クンが「検事みたいっすね」と言ったのも、それを知っているからです。

「いつか弁護士となって活躍する」、その夢に向かって、今もあきらめずに頑張っているのです。高校の成績は常にトップクラスでしたし、超難関といわれる大学の法学部、そして法科大学院に進みました。司法試験はまだ合格していませんが、「司法書士」資格は取得しました。でも、今の世の中、新卒の「司

法書士」に、働き口はまずありません。法律業務の多くはＡＩ（人工知能）がやってくれるので、求人がほとんどないのです。さらに言うと、たとえ試験に合格しても、弁護士の世界は交渉力に優れた一部の人たちだけが活躍し、単に知識があるだけの人は淘汰されるという厳しいものになっています。

法曹界だけではなく、この30年、多くの職業が姿を消しました。でもその一方で、「ＡＩにできないことができる人」は活躍していて、新しい職業も次々と生まれています。

ちなみに、A子さんだけではなく、大学の友人たちも正社員として就職したのはごくわずか。めいめい起業したり、いくつかのアルバイトを掛け持ちしたりしています。

もっとも、日本にも「ベーシックインカム制度」（年齢、性別、職業のあるなしにかかわらず、国から最低所得が保障される制度）が検討され始め、導入されれば「働かなくてもいい時代」もいよいよ実現しそうなのですが……。

朝7時から午後1時まではハンバーガー店勤務。体力維持と頭脳活性化のために、毎日ランニングをしながら1時間かけて帰宅。家についたら、オンライン予備校の講義を毎日2本。そして予習、復習。毎日の睡眠は4時間もとれればいいほうです。A子さんはそんな生活を何年も続けていますが、決して弱音は吐きません。

「A子ちゃん、誰も見ていなくても、自分だけはごまかせないのよ。怠けないできちんと一生懸命やっていれば、必ず報われるから」

と、幼いころによく聞いた母の言葉が時々よみがえります。その言葉は、ピアノの発表会も、小学校のマラソン大会も、高校や大学受験のときも、いつも自分を奮い立たせ、そして確かな「結果」を残してきました。

A子さんには、もう一つ、自分に言う魔法の言葉があります。それは「あと少し」。これもお母さんの口癖です。

「苦しいのは、〝あと少し〟まで来た証拠。〝あと少し〟我慢すればいい」、そう信じ込めば走り続けられるのです。「他の人は〝あと少し〟のときにあきらめるから達成できないんだわ……」とも思っていました。

弁護士の夢も、いや、この夢こそ「あと少し」。

ある中学生とトラブルに

近くでeスポーツイベントがあり、お店がいつも以上に混雑していた日のことです。

キャハハハ！　ウケるぅー！

イートインコーナーの一角から声が上がり、店内にいた全員がそちらを見ました。いつも同じ席を占めている、５人の女子中学生グループです。見ると、その中の一人が、みんなにチークとアイシャドウでピエロのようにされていました。

「やめてよー、もう、私、外に出られないじゃん」

見ると、ピエロの顔にされた子は泣きそうになっています。

これって……、いじめじゃないの！　A子さんは一手出ることにしました。女子中学生の席に近づき、テーブルの上のトレイやカップを片付けながら、ピエロにされた子に向かって、

「大丈夫ですか？」

と聞いたのです。５人は一斉にきょとんとしました。

「あ、すみません。うるさかったですか。もう一回、ポテト頼みますね」

と、いかにもリーダー格の子が急に大人っぽい口調で言いました。A子さんは、

「いいえ、追加のオーダーはお受けしかねます」

そして、低い声で、一気に言い放ちました。

「友達をいじめるなんて、最低ですよ」

「は？」

5人とも顔がこわばりました。リーダー格の子は、A子さんをにらみます。

「別にいじめてませんけど？　あなた、何なんですか？　私たち、客なんですけど」

A子さんが口を開きかけたとき、店長があわてて入ってきました。

「申し訳ございません。私、この店の店長です。何か失礼があったでしょうか」

「なんかこの人が、私たちがこの子をいじめているって、勝手に勘違いしてるんですけど」

ピエロメイクの子も、

「なんで私がいじめられているんですか。私、いじられていただけです」

「うわー、それは、とんでもない誤解でしたね。大変申し訳ございません。オバちゃんなので誤解してしまったのですね。こちらの勘違いです」

オバちゃんって！　A子さんはさーっと血の気が引く思いです。肩をいからせていた女子中学生たちはクスッと笑いました。まあまあ、とA子さんに素早くアイコンタクトをした店長が、

「本当に申し訳ございません」

と頭を下げました。そして、ポケットからクーポンの束を出して、小声で言ったのです。

「よかったらこれどうぞ。今度また来てくださいね」

クーポンには大きく「新キャラゲット」の文字が躍っています。今話題のゲームでレアキャ

ラをゲットできるポイントのクーポンです。今度は5人がお互いにアイコンタクトをとりました。明らかにラッキー、という顔です。

「店長さん、わかったよ。みんな、もう出ようぜ」

中学生の5人はクーポンを受け取ると、何もなかったように店から出ていきました。振り向くと、ほかの客は遠巻きにこちらを見ています。新人クンがトレイを片付けながら、A子さんの横で小さく「ドンマイっす」と言いました。

私は絶対間違っていない。A子さんは自分に言い聞かせました。

その晩。

「どんなにつらくても〝あと少し〟だよ」と自分に言い聞かせ、テキストを広げますが、どうしても文字が頭に入ってきません。

もともとA子さんは、嫌なことがあっても切り替えが早いほうです。問題があるときは、恐れず、よく調べれば必ず乗り越える方法はあると考えています。

今のこの生活だって、やみくもに続けているわけではありません。司法試験に受かった人の必勝パターンをネットや本で研究しまくったのです。勉強方法、体調管理方法、運動や生活の仕方、験担《げんかつ》ぎさえも決して怠りません。占い師にその年の吉方位を聞いて、お参りしたりお札を貼ったりします。

万事抜かりなく行動することで、不安や問題を切り抜ける。A子さんはネットを開きました。お昼の騒動の後、新人クンから例のリーダー格の女子中学生が、ネットではかなりの人気者だと聞いたのです。店長は店の悪口を書き込まれないかと気にしていました。

地域や学校の情報から、比較的簡単に昼間の中学生のサイトを見つけることができました。たしかにフォロワーは5万人を超え、毎日すごい数の投稿をしているようです。

スクロールしていくと、日中のピエロ顔がたちまち画面に現れ、ハッと指を止めました。「心友にメイクしてただけなのに、ヒステリーオバちゃん店員に、友だちをイジメルナってお店を追い出された！　超ムカつく」

そして、この投稿の下に「ウケる～」「オバちゃんはコーネンキだね」といったコメントがどこまでも続いています。A子さんの指が震えました。

友人のB美さんに相談してみたら

A子さんは例の中学生のSNSを何度もチェックするようになりました。

これまでの投稿を見ていくと、お店の名前も何度も挙がっています。ちょっと調べれば、「オバちゃん」がA子さんであることは、わかる人にはわかってしまいそうです。A子さんは、不安になってしまいました。店だけでなく、自宅付近でも中学生を見ると、例の中学生とつながっているのではないか、自分のプライバシーをさらされるのではないか、司法試験にも影響するのではないか……などと、悪いイメージが膨らみます。

この中学生、なんとかしなくては……。ふと大学の法学部時代の友人のB美さんを思い出し、相談してみることにしました。

「A子！　久しぶり」

B美さんが待ち合わせのカフェに現れました。B美さんもかつて弁護士志望だったのですが、「あと少し」どころか、早々にあきらめた人。飽きっぽいたちで、10社以上のアルバイトを渡り歩いた後に、今はアニメーションの会社で経理を担当しています。

「今日はどうしたの。A子から呼び出してくるなんて。なんかあったの？」

「うん……」

Ａ子さんは女子中学生とのトラブル、その後ＳＮＳで揶揄《やゆ》されたこと、そして、その中学生のグループに見張られているのではないかと不安なことなどを話しました。

一通り話を聞いたＢ美さんは、

「考えすぎよＡ子。頭ではわかっているんでしょ。答えは簡単よ。そんなときはＳＮＳは一切気にしない、見ない。私も以前、アイスクリーム屋さんでバイトしていたときに似たようなことあったけど、気にするとキリがないの」

「でも、人をヒステリーオバちゃんとか言って、名誉毀損に当たるよね？」

「うーん。まあ中には訴える人もいるだろうけど、しょせんバーチャルの世界だから。その中学生もコメントしている人もそこまで本気じゃないのよ」

「……。そうかなあ」

「マジメすぎるのよ、Ａ子は。もっと気楽で大丈夫だ

よ。それよりA子、司法試験もいいけどさ、今の世の中、弁護士なんてほとんどいないんだし……。いつまでアルバイトを続けるの」

「いつまでって。司法試験に受かるまでだよ」

B美さんは少しA子を見つめて何か考えていましたが、やがて口を開きました。

「うちの会社、去年開発したナツアニ（懐かしのアニメ）ゲームが当たって、今すごい忙しいの。私のいる経理部門がちょうどスタッフを募集しているんだけど、来ない？　A子みたいにしっかりした人なら、社長も喜ぶと思うんだけど」

「ええ！　また急な話。だって経理なんて、私、経験ないよ」

「経理っていっても、いまどきはソフトが全部やってくれるから、誰でもできる仕事だよ」

誰でもできる仕事。A子さんは耳を疑います。B美、そこまで堕《お》ちてしまったの……。

「うちの会社ってね、自由でいろんな子がいて面白いよ。こないだそのうちの一人に誘われて新しいゲームしたんだけど、バーチャルでタイムトラベルができるやつでさ、これがサイコーにはまっちゃった。他社のゲームだけどね」

A子さんはクラクラしました。

B美さんには言えませんが、ありえない、と思いました。そもそもA子さんはゲームもしないしアニメも漫画も一切見ないので、全くわからないのです。B美さんのいる会社がヒットさせたＶＲゲームは知っていましたが、それは課金システムがわかりにくく、いつのまにか高額請求になったケースが報道されていたから。会社にいい印象がありません。また、その業界の人たちが持つ独特の雰囲気も、軽薄な気がして受け付けませんでした。

「Ｂ美、気にしてくれてありがとね。私、もう少し弁護士のほうを頑張るよ」

「そうか……」

Ｂ美さんは黙りこみましたが、やがてパッと笑顔を見せてＡ子さんに言いました。

「あのね、今日は報告があって。Ａ子の試験が終わってから言うつもりだったんだけど」

「え？　何？」

「私ね、結婚が決まったの。ＡＩマッチングでお見合いして、いい人が見つかっちゃった」

「え？　やだ、早く言ってよ。おめでとう！　どんな人？　いつから付き合ってたの」

「いい人そうだよ。実はまだ直接は会っていないから、よく知らないのよ。でも、ＡＩが見つけた人だから、大丈夫だと思って」

「え。何それ。Ｂ美は、それでいいの」

「うん。とりあえず結婚してみて、ダメだったらやめればいいかなって。ウフフ」

Ａ子さんは、今日、何度目かのめまいを感じました。

「どうして私だけこんなに不幸なの」

司法試験まであと3ヵ月。さらに追い込みをかけなくてはいけない時期ですが、このところテキストを広げても、さっぱり頭が回りません。これでは今回も落ちてしまう！　恐怖感で、何度も夜中にA子さんは叫び出したくなりました。よく眠れない日が続き、体重も減り、肌はボロボロです。それでも、アルバイトもランニングも変わらず続けています。

ところが、お店でショックなことがありました。AIによる勤務評定で、新人クンがA子さんよりも上のランクに昇格したのです。新人クンはもう新人ではなくなってしまいました。

その日。いつも通りにシフトが終わり、A子さんはお店の裏口からランニングをしながら家に帰ろうとします。

が、どういうわけか、足がどうしても動かないのです。あれ、私、どうしたのだろう……。ぼんやりとしていると、突然ドアが開いて、「新人クン」が現れました。

「あ、お疲れっす」

そう言うと、ゴミ袋をドサッとダストボックスに投げ入れて、去っていきました。A子さんは、自分が社会のゴミのように感じてしまいました。こうやって私は捨てられていく。

私、こんなに頑張っているのに！　あと少し、なのに！

A子さんは、急に嗚咽《おえつ》がこみ上げてきました。

「どうして、どうして私だけ、こんなに不幸なの……」

A子さんは特別？

読者の皆さんの中には、A子さんが幸せな大人になれなかったのは、「マジメすぎる」とか、「優秀すぎて適当にできない」性格の問題だ、と考える人もいるでしょう。

「うちの子はいい加減だし、優秀でもないから、その心配はないな」

と思った方こそ、この本をぜひ読んでいただきたいのです。

「マジメすぎる」「適当にできない」は、生まれついての性格ではなく、「心の癖」によるところが大きいからです。そして、心の癖は、親の子育ての態度でかなりの部分が決まってくると思っています。

A子さんも子どもだったときにご両親が少し違う子育てをしていたら、このストーリーは違う展開になったでしょう。といっても、A子さんのご両親は〝毒親〟でも、悪い親でも、特別に厳しい親でもありません。愛情にあふれた、ごく一般的な親です。

一般的な親が、一般的にやりがちな子育て。

それが、「はじめに」で述べた「情熱子育て」であれ「普通子育て」であれ、どちらも令和の将来で生きづらくなる心の癖を育ててしまう可能性があるのです。

これまでは、親が子に刷り込む心の癖は、それほど問題にはされませんでした。問題になったとしても自分で修正したり、折り合っていける範囲（程度）だったからです。

でも、世界はこれから大きく変化します。今何も考えずに子育てに向かうと、あなたのお子さんは、A子さんと同じストーリーをたどる可能性が高くなってきています。

その予感を読者の皆さんにも、ぼんやりとでも体感していただきたくて、まずはこの未来ストーリーにお付き合いいただきました。

令和元年、A子さんは5歳の少女です。30年ほどの後に、A子さんの心、そして、この世界に何が起きたのか。

これから、A子さんの未来ストーリーの謎を紐解いていきましょう。

第1章

将来予測——これから30年、人のメンタルはどうなるか

あなたの子どもが生きる世界

今どう子育てに臨むべきかを考える手順として、まずは、「この子が大人になったとき」を先読みしてみましょう。

巷《ちまた》では、２０４５年ごろには、いわゆる「シンギュラリティ」（技術的特異点）として、ＡＩが人間の能力を超え、科学技術のとてつもない成長が、社会を全く予測のつかない方向へ変えてしまうだろう、といわれています。最近は、２０４５年よりさらに早まるだろうという人もいます。

様々な予想があり、本当にどうなっていくかは誰にもわからないのですが、基本的には、ＡＩ技術の発達で世の中はどんどん便利に、安全に、健康的になっていきます。

外国に行っても言葉の壁はポケット翻訳機などの技術で軽々と越えますし、車や電車の自動運転技術が発達すれば、誰でも運転ができて、人的ミスによる痛ましい交通事故もなくなるでしょう。また医療面では病気の見落としもなくなり、手術がほぼ完璧に行われるようになります。薬の開発も目覚ましいものがあるでしょう。

脳の中にチップを埋めて、人の思考や行動を制御する研究が始まっているそうですが、これが実用化すれば、勉強をする必要もなくなるでしょう。そうなると「学校」というシステムもなくなるかもしれません。

また、こうした変化に伴って、様々な職業や仕事が姿を消したり、内容が大きく変化するといわれています。

その可能性が高いと考えられているのは、データや情報が膨大で、明確なルールがある仕事。例えば、行政職や銀行員、為替ディーラーなどホワイトカラー系の事務職、鉄道や自動車の運転士、そして、弁護士や会計士などの法律系、そして医療系などです。

ただし、すべての「仕事」が、ＡＩに奪われるわけではありません。

もちろんＡＩ関連の開発、設計、運営には優秀な人材が集中するでしょうし、これまでの産業の意思決定に関わる部分にも人が関わっていくでしょう。

また、そのような高度な作業でなくても人とのコミュニケーションや接客は人間が得意とするところですし、ＡＩが行う作業の管理やメンテナンス、見守りは必要だからです。多くの人は決して難しくはない、誰にでも覚えられる作業や仕事に従事するようになると考えられます。

これまで「仕事」とされたことの多くをＡＩがやるので、社会全体の富の分配方法も変化せざるをえない、とも考えられています。

その中で、今、フィンランドなどで実験されているのが「ベーシックインカム」制度。最大のメリットとしては、個別に保障する従来の社会保障制度よりも、行政コストがかからなくてすむこと。また全員が「食べるのに困らない」ので、犯罪率の低下やメンタルヘルス面での好影響なども期待されています。

ベーシックインカム制度が導入されれば、それこそ「生活のためにお金を稼ぐ」という必要がなくなります。ごく簡単にいうと、「働かなくても生きていける社会」になります。

こうなると、人々は、芸術やスポーツ、娯楽など、より「人間らしい分野」に人生の時間を割くことになるでしょう。

娯楽・エンターテインメントが世界の柱に

人々の関心がより「人間らしい分野」に向いていく中で、これからの世界は、間違いなく、娯楽・エンターテインメント関連産業が拡大していくと多くの識者が予想していますし、私もそう思います。

例えば、以前は存在しなかった職業として、「ユーチューバー」があります。自分が作った動画で、一夜にして世界的な有名人になったり、億単位の収入を得たりする人が現れています。米国では２０１４年、10代の若者に対して「セレブとは誰か」とのアンケートが実施され、トップ５がユーチューバーという結果になったそうです。日本の男子中学生が将来なりたい仕事の第３位にもなっています（２０１７年ソニー生命保険調べ）。

エンターテインメントの発達で、これまで以上に、あらゆる人の「好き」と「嫌い」、センスが世の中にアウトプットされます。技術の発達もそれを後押しするでしょう。例えばスポーツなども、仮想通貨で世界中のファンが直接スポンサーになれますし、eスポーツなどは全世界で参加できるので、ますます花形となっていくでしょう。

この分野はどんな人も参加でき、一流になるチャンスがあります。ＬＧＢＴや障害者、人種、国籍などに対する偏見は時代遅れとなり、価値観がさらに多様化していくのです。

メンタル面は厳しい時代へ

より便利に安全に、健康的になっていく社会。遊んで暮らすことも夢ではなくなるかもしれない未来。そんな変化の中、人の「心」はどうなっていくでしょうか。

不思議に思う方もいらっしゃるかもしれませんが、私は、人の心の苦しみはむしろ拡大し、メンタル面では厳しい時代になると予想しています。A子さんがうつ状態になってしまったように、心のトラブルやうつ病も増えていくでしょう。

「個人の幸せ」というものさしで世界を眺めると、次のような要素が影響するからです。

先が読めない、準備ができない

一番理解しておかなければならないのは、時代の変化速度の大きさです。

親子で、20歳から30歳の年齢差があるとすれば、「親子世代の断絶」は以前から存在していました。ただ、そうはいっても変化の角度のイメージでいえば、5度ほどの角度（図1）。親の価値観の大部分は子どもが大人になるときも有効だったのです。

［図1］親世代の価値観では時代の変化についていけない

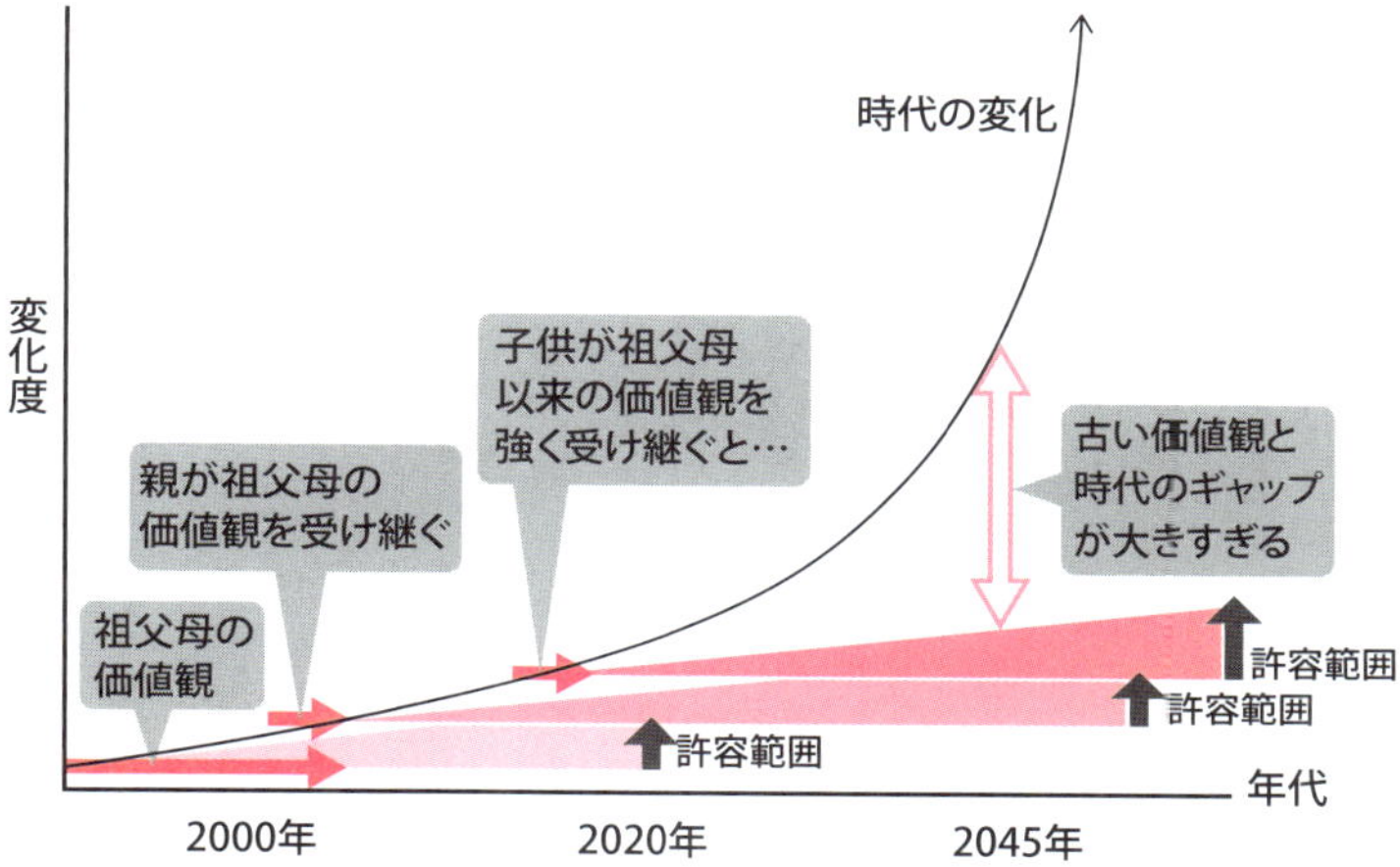

ですから、親は子どもに「大人になったときに役に立つから」と自分の成長体験を雄弁に語ることができました。

ところが、これから先の世界の変化は、方向もスピードも誰にも予測がつきません。次々と新しいシステムやサービスが生まれては消えていくでしょう。

その変化量のイメージは、明治維新や第二次大戦後の変化、それ以上かもしれません。

そんなことはない、時代はそんなに一気に変わらないはずだ、と私の年代は、それでもその変化を信じるのに抵抗があります。

というのも、私が小さいときは、テレビ

電話やリニアモーターカーがすぐ実用化され、車が空を飛ぶとイメージしていましたが、なかなかその時代が来なかったからです。

ところがそれは、単純な直線をイメージしていたからだと思います。時代の変化は、どうも35ページのような曲線（指数関数的変化）のようなものです。実際、今私のカウンセリングは、テレビ電話ソフトが主流になっていますし、リニア新幹線もあと数年、自動運転はすでに一部実用化されていますし、空飛ぶ車もドローン技術で数年以内に実現しそうです。

こうなると、10年後の世界は誰にも予測できなくなってくるのです。

安定企業として鉄板であると思われていた銀行も仮想通貨でどうなるかわかりません。司法試験の問題をＡＩが予測できたというのも最近のニュースです。今、誰もが大切にしているスマートフォンが、10年後の子どもたちには、「何それ？」という感じになっているかもしれません。

そのような先が読めない時代になったとき、人はどうなるのでしょうか。

私たちは、先を読んで準備する癖があります。ところがデータは膨大でも、これから先は時代の変化のほうが速い。何かビジネスを始めようと準備しようと思っても、情報はすでに古い。ようやく準備が終わったころにはそのブームは去っている、という感覚です。経験が先に生かせないので、新しい仕事が「自分に合うのか」も予想がつきません。準備しても裏切られる。準備しないと不安。そうなると、安心して未来を迎えられません。

とにかく、そんな行き当たりばったりの不安と闘いながら生きていくことになります。特にこのような変化は、日本人に大きな影響を及ぼすと感じています。

日本人は、米作中心の農耕民族。何とか工夫して四季をしのぐ中で、将来を予測していろんな対策を考えながら、改善、つまり将来のための準備をして、日々を過ごす民族心理があると思います。現実の失敗を、準備不足と理解する部分も大きいのです。

これに対して狩猟民族は、行き当たりばったりでも、仕方がないと割り切りも早い。先が読めない時代には、日本人気質だけでは、不安が大きく、さらに自己嫌悪が大きくなってしまう可能性があるのです。

挫折が多くなる

将来は、2割の人が社会を動かす創造的な仕事をし、8割が「誰でもできる仕事」につくといわれています。

人は、当然2割の社会的成功者を目指して努力するでしょう。ところが、たった2割ですからそう簡単にはたどり着けない。努力をしても、結局8割の人は挫折し、「誰でもできる仕事」につかざるを得ません。

A子さんが弁護士を目指したように、努力するものの、結局夢をあきらめる方向での挫折を経験する人が多くなるのです。

また、いったん2割に入れたとしても、安泰ではありません。2割の主体は、AIの開発、各分野の超エキスパート、娯楽関係です。その中で、社会のニーズを発掘し対応していける人だけが残ります。特に娯楽系は、学歴やこれまでの経験など役に立たない「感性」が求められます。

さらに恐ろしいことに、いったん受け入れられた感性やコンテンツも、すぐに飽きられてしまいます。そこでもまた大きな挫折を味わうのです。

さらには、注目されるということは、攻撃される可能性をはらんでいます。もてはやされていた人が、一転して社会の攻撃の対象になる現象は、私たちも知るところです。これまでは、一部の芸能人などにしか見られなかったことですが、これからは成功を求める人の多くが、「ネットで叩かれる」とか「炎上する」という恐怖と挫折を体験しなければならない時代になってしまうのです。

「たとえ、誰でもできる仕事でも、そこで工夫して、誇りを持って仕事をすればいい」と感じる方も多いと思います。ところが現実はそう簡単ではなく、仕事による充実感、満足感、アイデンティティーは得られにくくなると予測されます。

将来主流になる「誰でもできる仕事」を一部のメディアでは「マックジョブ」と呼んでいます。これまでの仕事は、どんなものでも、それなりのコツや知識、技術が必要で、戦力となるためには、ある程度の年月が必要でした。ですから、「私がやっている」という自負も生まれやすかったのです。

ところが、マックジョブは、1週間もすれば、誰でもほとんど同じパフォーマンスを発揮できる仕事。当然お給料も低い。どうしてもそこでは、「私」の存在意義を感じにくくなります。

仕事は、人にとって大きな価値。特に勤勉で、社会とのつながりを重視する日本人は、仕事での

満足を得られにくくなると、自分の存在意義について悩みが深くなる可能性が大きいのです。

評価地獄

お店を選んだり新しい商品を購入するときに、まずはネットで内容を調べ、評判やクチコミを調べる、という行動は、今や当たり前になっています。どんなお店が人気で、どんな商品が売れ筋なのか、インターネットで簡単に評価の最新情報を入手できます。

最近では「人物」でさえも、ある種の評価をされています。SNSにアクセスすればどんな人なのかわかり、またフォロワー数や「いいね！」の数がわかる。中国の「アリババ」の「芝麻信用」は買い物履歴などあらゆるデータに基づいた人物クレジットの最新版ですが、婚活パーティーなどで「ポイント1000点以上の人限定」などと使われています。

これからは普通の人が普通に生きていても、比較し、比較され、ランク付けされる環境がますます拡大していくでしょう。

そして、そのぶん人は自信を失いやすくなります。

Ａ子さんの物語でも、Ａ子さんは、中学生とのネットでの影響度の差を痛感させられましたし、ＡＩによって下された勤務評定で新人クンとの差を見せつけられました。

ところでどうして人はこうも比較したがるのでしょうか。

私は、人の中に「(他者と比べて）自分はしっかり報われたい」という基本的な欲求があると考えています。私はそれを**「期待」と「比較」のプログラム**と呼んでいます。

太古、私たち人類の先祖は、何日も食べ物にありつけず飢え続けることもありました。危険をおかして獲物がとれたときには、原始人は「自分が危険な目に遭って働いた分は十分に報われたい。報われるべきだ」（＝期待）と考えます。そこで、ふるまわれた肉を、他者と比較するのです。少なく配分されているのにしっかり主張できない人は、食料不足で死んでしまいます。ですから、期待と比較は私たちにとって「命がけの」本能に基づく行動なのです。

また、この比較をするためには様々なデータを収集しなければならないので、重要な選択ほどエネルギーを使います。そこでより省エネで正しい比較をするためのサービスが生まれてきました。それが「検索」システムです。検索システムが巨大産業になっているのも、我々の原始的欲求をしっかりとらえているからです。

ただ一方で、この比較機能は、肉の配分などの物理的な比較には有効ですが、精神面の不足には有効に働きません。

自分と他者の所有物や財産を比較することは情報さえあればできます。ところが、幸せ度を客観的に比較することは難しい。でも原始的欲求から、比較をしてしまうのです。

フェイスブックの投稿を見比べても、誰が一番幸せなのか、「幸福度」「リア充度」は比較しようがありませんよね。ところが、それでも人は無意識に「比較」がやめられない。

現代は物質的に豊かになり、食べるものには基本的に困らないので、期待と比較のプログラムは、本来評価できないはずの精神面の不足にばかり向かってしまいます。自分はこ

れだけ頑張っているのだから、報われるべき、評価されるべき、幸せになるべきだという「期待」があり、「比較」が働く。だからどうしても、他人の幸せが気になるのです。

ごく普通の一日だったのに、たまたまママ友が優雅なディナーを楽しんでいるＳＮＳの投稿を見て、ひそかに落ち込んでしまう……。過剰な情報の中で、本能が誤作動して、新しい苦しみが日々生まれてしまうのです。

令和30年。物理的にはさらに恵まれてきます。ところが変化の中で不安に翻弄され、8割と2割の差の中で精神的格差に悩み、多くの挫折を経験する時代。私たちは、他者との無意味な「幸せ度比較」で自滅していく可能性があるのです。

「人間関係」は永遠のテーマ

どんなに多くの仕事をＡＩがやってくれる時代になっても、接客や対人サービスの仕事は残ります。すべてをプログラム化する費用と時間をかけるより、人のほうが応用が利き、コスト面でも優れる局面があるからです。

さらに、どうしても人は人を求める部分があるので、「人間関係」から離れることはありません。

人間関係は今でも負担となることが多いので、ＡＩ時代にはそこから解放されると考える人も多いのですが、Ａ子さんの仕事のように、マックジョブの多くに「人との対応」が含まれてしまいます。しかも、クレーム対応などのように、今でも一番嫌がられる仕事が残ってしまうのです。苦情を言ったときにＡＩに対応されても、なんとなく不全感が残ると思いませんか。

仕事だけでなく、私生活でも人間関係のトラブルは大きくなりそうです。それにはいくつかの理由があります。

１つ目は、物質的に豊かな時代になると人は欲求不満の耐性が低くなること。例えば、昔はカップラーメン一つでごちそうだったのに、今は「夕食がカップラーメン一つだった」などというと、みじめなシーンとして想像されてしまいますね。豊かになったり、情報が増えたりする分、耐性は低くなるのです。

他者が自分にやってくれることへの「期待」が高くなり、少し店員の対応が悪かったりすると、腹が立ちます。夫はこうあるべき、妻はこうあるべき、恋人はこうあるべき、いろんな「〜べき」との比較で不満がたまり、それが人間関係のトラブルのもとになります。

2つ目は、社会がさらに多様化し、様々な価値観を持った人が共存すること。もちろん良い面もありますが、価値観の違いからくる衝突やクレーム案件も増えていきます。新幹線のリクライニングシートを倒すとき、「ごめんなさい、倒します」と言われたことに怒る人もいるのです。「あなたが勝手に決められる当然の権利を、どうしていちいち私に聞くのか?」というのがその人の主張です。私には、ついていけませんが……。

3つ目は、感性の時代になっていくこと。個性の時代と言い換えてもいいでしょう。先の2つとも当然関連しています。例えば、入学祝いで祖父母からランドセルをもらったとしましょう。祖父母の年代としては定番の赤か黒を贈ります。ところが今やランドセルもカラフルで、好きな色を選ぼうとしていた親や子どもは戸惑うでしょう。へたをすればそのことで祖父母と気まずくなるかもしれません。

あることに対して、これまでは同調圧力に従って行動することが多かった我々です。我慢することは多くても、対人トラブルは避けられました。

ところが、物質が豊かになり、一人一人に対する細やかなサービスが当たり前になってきたとき、自分の主張や欲求と異なる他者とのぶつかり合う局面が、どうしても多くなってきてしまいます。そのときには、それを調整する大変高度なコミュニケーションスキルが必要になってくるのです。

新時代は「感性」「欲求」「感情」がキーワード

ＡＩは何でもできます。創造は難しいといわれていましたが、すでにＡＩがテレビの番組を作ったり、小説を書いたり、絵を描いたり、作曲したりする時代です。ところが、ＡＩは何かをしたいと思うことはありません。プログラムすることはできますが、しょせん人の予測の範囲です。純粋に新しい環境で、何をしたいか、つまりＡＩをどう使うかは、人間の特権です。まだまだ、しばらくはその部分は人が担うのだと思います。

何かをしたいと思う気持ちの基礎は、人の「感性・欲求・感情」です。

感性と欲求は、ＡＩをどう使うかには絶対的に必要ですし、エンターテインメント系産業では、感性と感情が重要です。そこでは、「面白さ」「新鮮さ」「奇抜さ」「緊張感」「悪」「恋愛」などの要素が勝負のカギを握ります。感情は、昔から人をひきつけます。音楽、絵画、演劇、どの一流作品も「感情」の要素が含まれています。

感性や感情を使った仕事をするには、まずは経験、そして発想の豊かさ、大胆さ、素早い行動力などが重視されます。これまで成功するために重視されたスキル、例えば、計画性、文章能力、計算能力、計画性、努力、粘り、従順さなどは、あまり必要でなくなってくるのです。

また、これまでの日本の一般的な教育では、欲求や感情は理性で抑えるもの、はしたないものとして扱われてきました。感性も人と違うと、変人扱いされるので、わざと隠して、埋もれさせて生きる人が多かったのです。

特に感情は、「いつまでもメソメソするな」とか、「そんなことで怒るなんて恥ずかしい」などと、幼いころ大人に厳しくしつけられた人も多いでしょう。

楽しいというポジティブな感情さえ、ほかの人が見たらはしたない、と抑え込まれる傾向がありました。相撲でガッツポーズは品がないと言われる感覚は、あまり外国の人には理解できないでしょう。

でも新時代では、その感情が大いに求められていくのです。ニーズも物理的要求ではなく、感性や原始的欲求、感情の求めるものにシフトします。より快適、よりきれい、よりかわいい、より過激、より攻撃的……。昨今のSNSのインスタグラムやTikTokなどもこの流れです。

このように考えると、これからは他人の「感情」や「欲求」を敏感に感じ取れ、コミュニケーション能力のある人こそが、新時代を生き残れることになります。

一方で、そんな敏感な人ほど人間関係で傷つく体験も多くなってきます。

これまで以上にシビアになる人間関係のストレスに対応していく能力、人とのトラブルで刺激される「感情」や「疲労」のケアをする能力も必要となってくるでしょう。

そもそも「感情」とは、ある状況に適応させるために人に備わったもの。その人を動かすだけの強い力（モチベーション）を持っています。ただ、その力は自分に大きな影響を与えられそうな対象に対してのみ発動します。ですから、冬の辛さには腹が立ちませんが、人に裏切られたときには、とても強い怒りを感じるのです。

同時に、感情は大変エネルギーを使うものでもあります。怒りをイメージすれば、感情の持つ力と、そのエネルギー消耗の激しさが理解できると思います。

令和30年。A子さんもそうですが、人は対人関係で感情を刺激され、敏感になった感性で、嫌なことがたくさん目につき、大きくなった欲求を抑えるのに疲れ果てて、結局エネルギーを消耗したうつ状態になっていく可能性が高くなるのです。

これから必要となる3つの「メンタルスキル」

豊かな物質文明の発展の陰で、「個人の幸せ」という観点では、厳しい要素が多くなる世界。その中でも、何とか自分の子どもには成功してほしいし、幸せになってほしい。そのためにはどんなことが必要となってくるのでしょう。

ＡＩ関係のプログラミングや娯楽系、つまり芸術、スポーツ、ゲーム、インターネット関連のアミューズメントに精通するのは、勝ち組になる一つの要素です。

何しろ経験がなければ、急に「ゲームを作って」と言われても、何もできません。A子さんは、ゲームをしたことがなかったから、ゲーム会社に誘われてもその気になれませんでした。

アニメ、ゲームやネットは、A子さんがそうだったように、その生産性のなさ、危険性だけがクローズアップされがちです。

ところがもし、お子さんがはまっているのが、絵画やピアノやサッカーだったら、ご両親は、子どもの輝かしい将来を夢見るのではないでしょうか。子どもの絵画には生産性はない。ピアノだってやりすぎれば腱鞘炎になる。サッカーは頭をボールにぶつけて、危険だとみることもできるはずですが……。今はアニメやゲーム、ネットをむやみに目の敵にするのではなく、子どもがゲームに浸っている姿を見て、将来を思ってうれしくなる……ぐらいの気持ちになれるといいのにと思います。

勝ち組になれなくても、AIとエンターテインメント系に慣れ親しんでいれば、マックジョブで得られない充実感を、私生活の中で感じることもできます。B美さんは、そのあたりが上手でした。

とはいえ、精神受難の時代、何とか精神的な苦痛をできるだけ大きくしないで生活するスキルも身につけておきたいものです。

令和30年に必要なメンタルスキルとは、どんなものでしょうか。私は次の3つだと考えています。

- **自分に過剰にダメ出しをしない**
- **リアルな人間の理解を深めていく**
- **新しい学習と問題解決スタイルを磨く**

順にご紹介しましょう。

自分に過剰にダメ出しをしない

「自分に過剰にダメ出しをしないこと」とは、評価地獄の中で不必要に自己嫌悪にならない、正しく自己評価をすることです。ただし、ここで「正しい」とは「やや自分寄りに評価する」ことを意味します。

未来ストーリーの中で最後にA子さんの心を折った出来事は、自分より下に見ていた「新人クン」がＡＩの勤務評定で昇格したことでした。

どうしても私たち日本人には、謙遜を美徳とする傾向があります。自己評価が低めのほうが、日本人の中では生きていきやすかったのです。平たく言うと自信がない人が多い。

欧米人に比べても、日本人の自信のなさは顕著です（図２）。２０１１年発表の、日本・アメリカ・中国・韓国の高校生７２３３人を対象に行われた調査によると、「自分は価値のある人間である」と感じる割合が、アメリカ89・１％、中国87・７％、韓国75・１％であるのに対して、日本はわずか36・１％。「自分は優秀だと思う」という割合では「全然そうではない」「あまりそうではない」と答えた割合は、アメリカ10・８％、中国32・７％、韓国52・９％であるのに対して、日本は83・２％だったのです。

もちろん、日本は自分の存在を強調する文化ではありません。それを差し引いても、少

[図2] 高校生比較

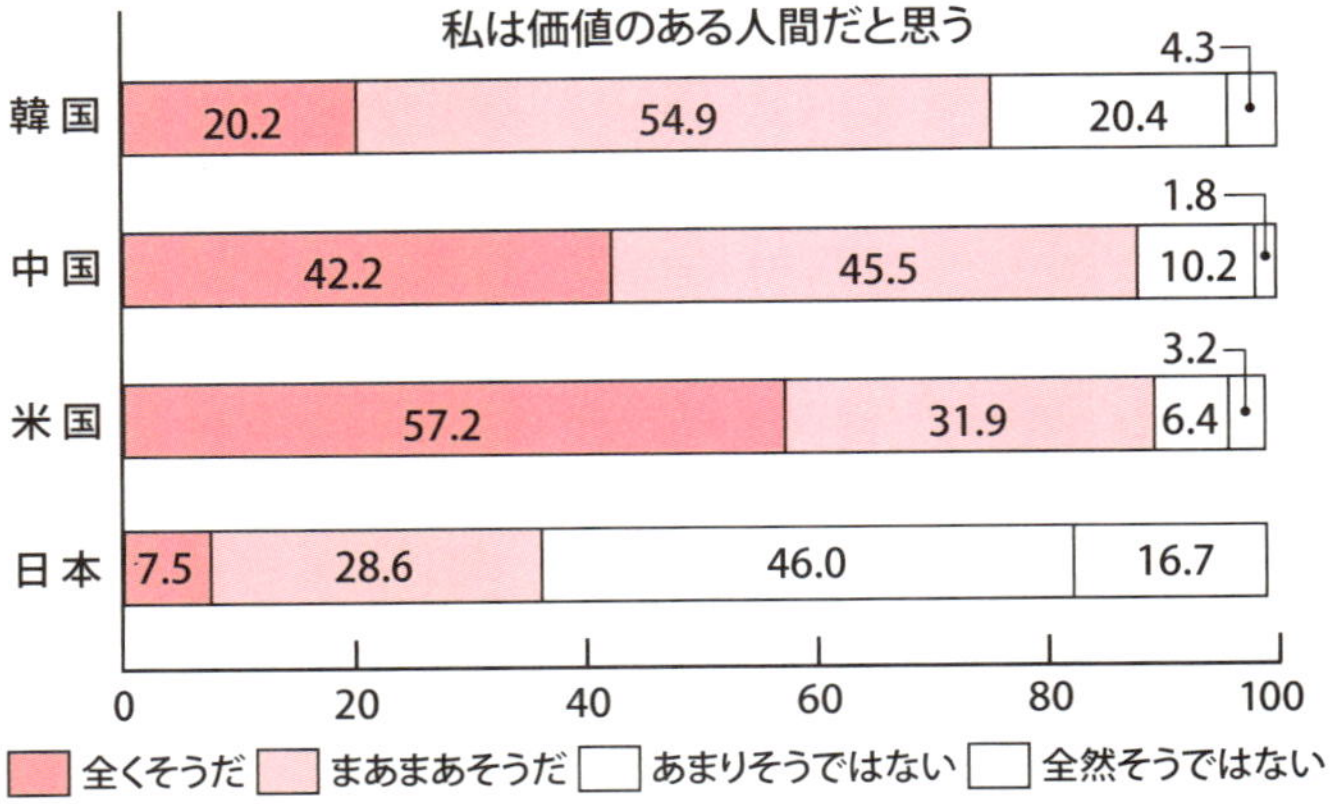

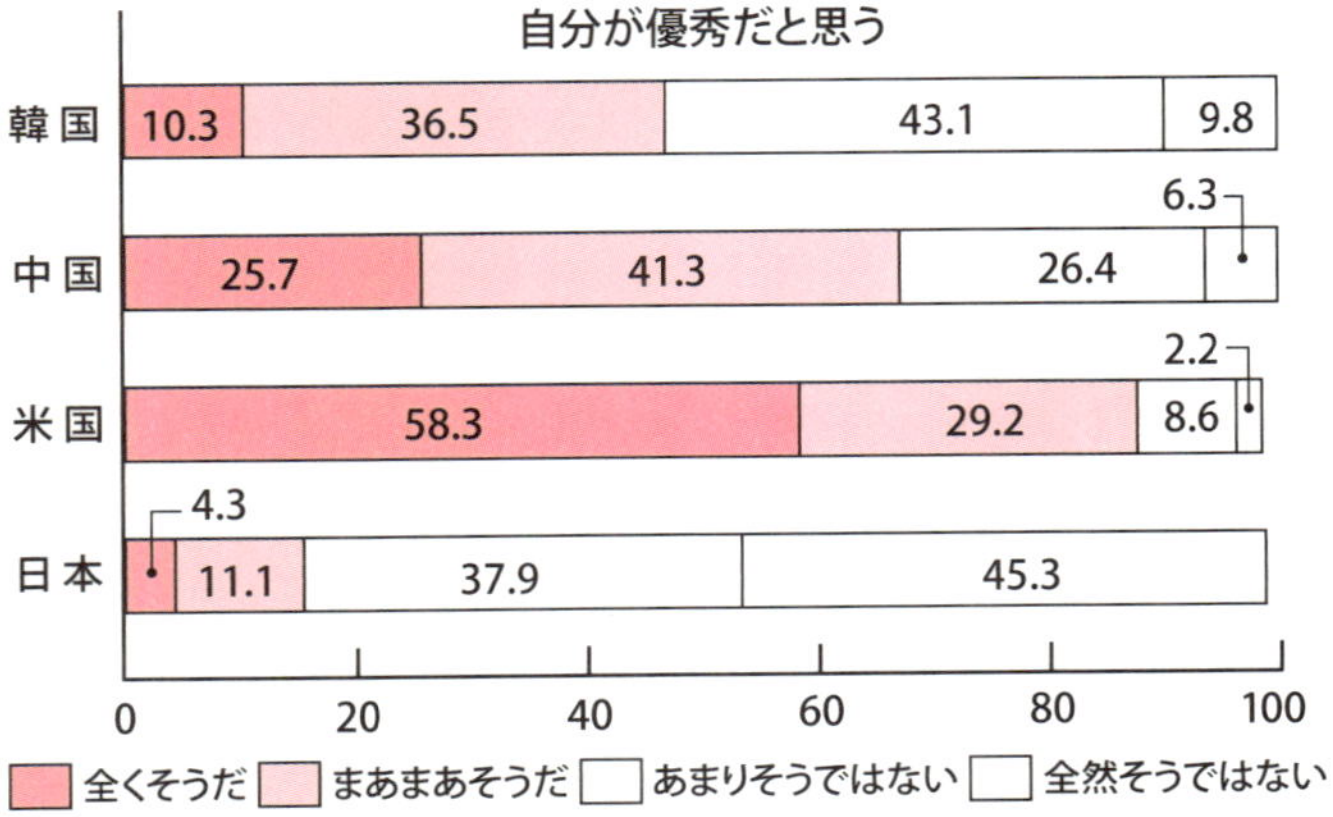

(出典)「高校生の心と体の健康に関する調査(2011年3月)」
財団法人 一橋文芸教育振興協会　財団法人 日本青少年研究所

し自信がなさすぎですよね。

ところが令和30年では、先に紹介したように挫折が多く、比較地獄の中でどうしても自分へのダメ出しが多くなる環境にあると考えられます。

かと言って、大人になると「お前はよくやっている」と励ましてくれる親や先生もいない。「自分はダメで」という謙遜の態度より、「自分はよくやっている」と自分で自分を励ませるスキルが必要になります。

それは、自己評価のスキルでもあります。ダメなものもすべてOKという超楽観主義を目指すのではありません。ダメなものはダメと感じるほうが日本人らしい。でも過剰に自分にダメ出しをする自己評価の癖は、できるだけ身につけたくないものです。

自信がないと、自分を守るために、恐怖、不安、悲しみ、怒りなどの感情が湧き立ちやすいのです。ですから自信がない人ほど、人間関係トラブル↓感情による疲労↓うつ状態という流れに向かいやすくなります。

A子さんは、司法試験がうまくいかないということで自信が低下したところに、中学生とのトラブル、B美さんや新人クンとの比較でどんどん消耗していったのです。

リアルな人間の理解を深めていく

ネットでの付き合いが多くなる一方、少子化・核家族化が進み、いとこや、親戚のおじちゃんやおばちゃん、ご近所との付き合いが圧倒的に減りました。今の子どもたちは、「生身の人というもの」を知る経験の〝質と量〟が減ってしまっています。

例えば、大酒飲みのおじさんは大人には評判が悪いのに、子どもには優しくて面白い人だったり、おばあちゃんは息子を溺愛しているのに、嫁には信じられないような意地悪をしたり……。人は100パーセント善人でも悪人でもない、複雑な生き物であることを学ぶという実体験が減っているのです。

また、ますます世界は多様化が進みます。国籍、性的アイデンティティー、宗教、政治、信条についても様々な人たちが、これまで以上に身近に共存します。そんな世界では、「人にはいろいろな面があるんだ」「いろいろな考え方があるんだな」と価値観の〝幅〟があるほうが、人に対する「期待」も「警戒」も「怒り」も少なくてすみます。

ネットや2次元だけの「人間観」では、どうしても偏りが生じます。物語の中の人物像は、わかりやすいほうが魅力的に感じられるからです。

さらに昨今は、付き合うのが難しい人は、専門家に任せるという風潮が強くなってきました。児童相談所などに対する過剰な不安は、自分勝手というより、経験や体験の少なさから来るのだと思います。

私もカウンセリングを始めたころは、死にたいと思う人や統合失調症の方が怖かったものです。でも、たくさんの方と接していくうちに、普通に接することができるようになりました。

頭で多様性を理解しようと思っても難しいのです。それは感性の問題なのです。感性を育てるには、経験しかありません。

子どもは、大人の反応を見ながら育っていきます。親が他者に対してどのような反応、対応、評価をするのかに注目しています。様々な価値観の人間と付き合わなければならない令和時代の子どもが、人について、過剰な恐怖、過剰な期待を持たないような現実的な人間観を身につけるようになる入り口が、親の態度なのです。

人に対する価値観を決めるもう一つのポイントが、コミュニケーション能力。

実は価値観とスキルは両輪です。コミュニケーション能力だけあっても、人は怖いと信じている場合は、他人とコミュニケーションをとりません。一方、コミュニケーション能力がないと、いろんな人と接することができないので、等身大の人間の価値観も育ちにくいのです。この面でも、親が、他人と接する様々な場面を見せることが重要です。

子どもは、仕事場での親、法事のときの親、宴席での親、買い物をするときの親、近所付き合いをするときの親、トラブルに遭ったときの親、いろんな場面の親を見て、それをまねることからコミュニケーションを学びます。もちろん少し大きくなると、親だけでなくすべての大人、友人からも学びますが、自分と似ているＤＮＡを持つ親のコミュニケーションスタイルは、どうしても一番の学びの対象になっていきます。

新しい学習と問題解決スタイルを磨く

令和は、とにかく時代の変化がすさまじい時代になります。

これまでの学習手順や意思決定、企業運営などには、「ＰＤＣＡサイクル」という手法が適用されてきました。これは、「Plan（計画）」「Do（実行）」「Check（評価）」「Action（改善）」のこと。ビジネスパーソンなど、プロジェクトを進行する上で叩き込まれた人も多いのではないでしょうか。

ポイントは、よく事前学習し、「十分な計画を立てる」ところです。あとは実行後に、よく観察し、修正（また計画です）していく、という流れ。

そして、この「ＰＤＣＡサイクル」では対応できなくなる……というのが、これからの時代です。次々と新しいサービスや技術が生まれるので、既存知識の学習や情報収集、周到な準備が通用しません。「Plan（計画）」の間に、情報が古くなるし、「Do（実行）」「Check（評価）」「Action（改善）」している間に、次のものが生まれてしまうからです。

どうしたらいいのかと悩んでも、そんなめまぐるしい状況の中では、誰も「正解」を知りません。先生や先輩、経験者などにアドバイスをもらっても、古い計画に基づくアドバイスしか得られないのです。変化の激しい時代の不安には、これまでの学習方法が機能しにくくなるのです。

そんな時代をしぶとく生き延びるための思考法の一例として、ここでは「**ＯＯＤＡループ**」という考えを紹介します。ＯＯＤＡとは「観察（Observe）」「仮説構築（Orient）」「意思決定（Decide）」「実行（Act）」の頭文字から構成されます。

まず、自分で実態をよく観察します（観察 Observe）。その実態の中に、何らかの流れ、トレンド、ルールを見出し、仮説を立てます（仮説構築 Orient）。そして、その仮説の中で目的を達成するための方策を決定し（意思決定 Decide）、実際に行動に移す（実行 Act）、というサイクル。過去のデータなどにとらわれず、よく現状を観察し、そのトレンドを見抜くというところがポイントです。

この思考法にするには、まず学習方法を変えていかなければならないでしょう。

私はカウンセリングを教えていますが、大学やカウンセリングセミナーなどで心理学やカウンセリングを学んだ方ほど、トレーニングしてもスキルが伸びにくいということがよくあります。大学などでは、カウンセリングという実学を教えるというより、心理学や精神医学を教えています。またスキルも入り口としての傾聴を教えます。ところが、マジメで勤勉な方は、それがすべてだ、正しいことだと思い込み、それだけを熱心に訓練するのです。そして現場に出て、クライアントが苦しそうにしていても、自分が勉強してきた範囲でしか、その原因を考えられない。勉強によって、視野が狭くなってしまったのです。

あるベテランの医師が、「医師として一番自信を持てたのは、国家試験合格後だった。でもふりかえれば当然ながら、一番実力がないのも、そのときだった」と教えてくれました。

正しいこととして教えられたことは、本当は現実にあまり適応していないかもしれない情報なのです。令和の変化の激しい時代には、これまでの「正しさ」をただマジメに勉強することは、プラスにならないだけでなく、視野を狭めるという点で、大きな危険さえはらむ学習態度なのです。

教育のプロの方々も当然このことには気が付いており、2020年度から、学校の新学習指導要領も実施されます。学校だけでなく、ぜひ家庭でも、学習の在り方について考えてみてほしいのです。というのも、これは生き方そのものにもかかわってくるからです。

A子さんは、弁護士の夢一筋。「こうすれば司法試験に受かる」という情報を求めて、ネットや本で検索しまくり、合格のための計画を綿密に立て、それをきっちりとこなしていきました。失敗したらその原因を追求し、弱点を補う勉強もしました。そのほかにも、長丁場のためには体力も必要とランニングのタスクも自分に課すように改善しました。まさに「PDCAサイクル」。

ところが、A子さんはうつ状態になってしまいました。

状況、つまり自分の体調という大きな要素が変わってきたのです。それでも、決めたランニングはやめられません。計画にとらわれて、そのランニングをしていること自体が、疲労を深めて、頭を働かせない状態になっていることを、客観的に「観察」できていないのです。

一方、B美さんはあまり深く考えずに「まず働いてみる。嫌なら次の会社へ」「とりあえず結婚してみる」という態度です。このB美さんのやり方こそ、「OODAループ」なのです。

第2章

今の親が「しないほうがいいこと」「やっておいたほうがいいこと」

まずは引き算から

第1章で、新しい時代に幸せになるためには、「自分に過剰にダメ出しをしないこと」「リアルな人間の理解を深めていく」「新しい学習と問題解決スタイルを磨く」、この3点が理想のメンタルスキルだとお話ししました。それでは、お子さんにこの3つを身につけさせるために、親はどうしたらいいでしょうか。

通常このようなテーマでは、人は足し算を求めます。何をすればいいかを教えてくれ、という感じです。

ところが、案外引き算のほうが重要な場合もあります。まず、これをしないように注意しよう、ということです。戦略子育てでも、まず意識するべきなのはこの引き算。親が無意識にしてしまっているある行為を控えて、子どもにマイナスの負債を残さないようにする、それが一番重要なことだと思っています。

これをすればいいとなると、それを必死に達成しようと力が入ります。一方、これにはそれほどこだわらなくていい、むしろこだわらないほうがいいとなると、親自身にゆとりが生まれてきます。戦略子育ては脱力系の子育てでもあるのです。

といっても、自分の子育ての何が子どもに悪い影響を及ぼしているかを、意識できている方は少ないと思います。ここでは親のどういう態度が子どもにとってマイナスになるのか、お話ししていきましょう。

ある教育にこだわらない。強い信念を持たせない

さて、ここで質問です。

あなたには、子育てをする上で「これだけは！」とこだわっているテーマ、教育方針はありますか？

例えば、挨拶だけはできる子、好き嫌いをしない子、人に優しい子、最後までやれる子、一人でやれる子、ウソだけはつかない子、みんなと仲良くできる子……。

子どものことが大切であるほど、「これだけは」とこだわりたくなります。どれも人として好ましいものばかり、何の問題もないように思います。

ところが、これらの要素が身につけば身につくほど、令和30年の時代には、おだやかにすごせない大人になっている可能性があるのです。

子育てに向かうとき、親がまず「しないほうがよいこと」は、ある教育（しつけ）にこだわり、結果として子どもに強い信念を持たせることです。これが令和の子どもの幸せに、大きな障害になる可能性があるのです。

どうしてかというと、「時間だけは守る子に」と時間厳守を厳しくしつけられた子は、大人になっても時間を守るでしょう。それだけなら問題はありません。でも、時間にルーズな友人がいたら、その人に対してイライラしてしまいます。時間に対する感覚は、地域によっても、国によっても、その人の生い立ちによってもかなり変わります。それなのに、こうした子はおおらかになれずに生きていくことになるからです。

「挨拶だけはできる」「好き嫌いをしない」などの価値観は、50年前までの日本では有効でした。全国で同じような価値観が共有されていたからです。時間やルールを守り、お互いを思いやり、一人で完璧にやる人が尊敬されていたのです。

ところが先に触れたように、令和の時代は多様な価値観、感性の時代。時間だけでなく、思いやりの程度、自立の程度、仕事への完成度の程度など、いろんな尺度を持った人たちが社会に共存していきます。しかも人とは接しなければいけない時代。強い信念を持つ人ほど、他者に対するイライラを感じやすくなってしまうのです。

序章でA子さんは、挨拶ができない新人クンや、友達をからかう女子中学生、会社を次々と渡り歩くB美さんをどこか蔑み、許せないでいました。でも本当は様々な人におおらかになれたほうが、A子さんだって幸せなのです。

ここで言っているのは、あくまで「程度」の問題。それぞれのご家庭で教育方針はあっていいのです。ですが、その一定の価値観にあ、ま、り、に、も、強力に親がこだわると、子どもの心に強い信念が刷り込まれてしまい、幸せの弊害となる可能性があるのです。

変化の激しいこれからの時代には、その強すぎる価値観は子ども自身を苦しめ、また他者をも苦しめることになります。親は、一定の教育にはこだわらないように、子どもに強い信念を持たせないようにしたほうがいいのです。A子さんが司法試験の呪縛から逃れられないのは、お母さんの「あと少し」という言葉でした。

親が成功者だと子どもは苦労する

では、どうしてあなたは親として、「挨拶だけはできる子」「好き嫌いをしない子」などと、一定のこだわりを持っているのでしょうか。

それは、親であるあなた自身も、その親、もしくは親代わりの大人たちの価値観を刷り込まれて、今まで生きてきたからです。

「時間を守る」「好き嫌いをしない」「人に優しく」「最後までやる」など、あまりにも当たり前すぎて、よく考えてみるとかチェックしてみるとかの機会もなかったのでしょう。

でも、親から刷り込まれた価値観は、あなたの子どもに受け継がれると、子どもが親になったときには、どうしても時代とはズレてきます。

時代の変化がそれほど大きくないならば問題ありません。でも、明治維新の時を考えてください。維新のほんの少し前は、「ちょんまげが正義。刀が武士の命。城主や家のために死ぬのは幸せ」という時代でした。そのため、幕末に武士道を強力に教育され過ぎた子どもは、明治の時代には乗り遅れたのです。

先にも触れましたが、これから30年で起こる時代の変化の大きさは、まさに明治維新、いやそれ以上です。

価値観には強度と方向性があります。

ボールを飛ばすように、上手に時代に合わせて投げられればいいのですが、成功体験がある人ほど、強度も方向も、これまでの投げ方から離れられない。自分のやり方で成功したのでそれが正しいと思っているし、子育てを大切に思えばこそ、それは強い信念となります。

でも、今は時代の変化があまりに大きい。今の親はすでに的外れな方向へ的外れな強さで、ボールを飛ばしている可能性が高いのです。

令和の時代、成功している親の子どもほど、未来はより苦労してしまうかもしれないことを、どうぞ心に留めてください。

こだわりの強い子育ては、自己肯定感の低い子を育てやすい

こだわりの強い子育ては、もう一つ「自己肯定感を低くしてしまう」という危険性をはらんでいます。

親のこだわりが強いと、どうしても厳しすぎるしつけになっていきます。厳しすぎるしつけは、普通に生活している中で、「ダメ出し」が多くなる。子どもの心には自己否定する回数が多くなってしまうのです。それによって自信が低下していきます。

また、こだわりの強い子育てでは、できたときは良い子、できないときは悪い子、という明確な区分が生じます。自分自身の存在ではなく、パフォーマンスで決まる。自分を大

切に感じられなくなるのです。この面でもその子の自信が育まれません。

さらに、大人になってからもその思考が残り、「こだわりポイントがきっちりできない」他者を許せないし、できない自分はもっと許せません。

A子さんも、勉強がはかどらなくなってくると、怠けそうになる自分にダメ出し、集中できなかった自分にダメ出し、覚えられない自分にダメ出し。ダメ出しの嵐になってしまいました。「もう少し」ができない自分を許せないのです。

自分への過剰なダメ出し癖、つまり強い自己否定は、通常は虐待などの体験により植え付けられます。ですが最近は、客観的にみるとそれほどひどい親でもないのに、「毒親」と感じて、それで悩む人が多くなっています。食べるのさえままならない時代は、食べさせてもらえるだけで「いい親」でした。でも今は、自分の心の満たされ度が気になり、精神的な面に、苦しみの主体が移っているからでしょう。

時が流れて令和30年に入ったときには、「自分へのダメ出し」をして苦しむ人は、さらに増えていくと予想されます。その人たちは、少しばかり厳しかった、でも愛情のある「普通の親」から、いつのまにか強い価値観を受け継いで大人になった人たちです。

特に我慢の強調は避ける

こだわりの子育てが危険であると指摘してきましたが、こだわりの中でも、今の親が最も注意しておかなければならないのが、「我慢系」へのこだわりです。私たちの世代には美徳のようにも感じる「我慢」。でも、今の子どもたちにとってはどれほどのマイナスになっていくのか、お話ししましょう。

厳しいしつけには、ほとんどの場合、「我慢する場面」が含まれます。

「怠けてはいけません」「ちゃんと勉強しなさい」と厳しく言われたら、子どもは遊びたいのをグッとこらえたり、休みたくても勉強したりと、我慢をしなくてはいけません。

でも子どもの本心は、遊びたいし、休みたい。そこを抑えつけて「我慢」を強いていると、子どもは遊びたい自分はダメなんだ、休みたい自分はダメなんだと、学習していきます。やがて無意識に、遊びたいとか休みたい欲求自体を、あまり自分で感じなくしてしまいます。欲求が弱ければ、それを抑えるのに苦労しなくてすむからです。

こうして「我慢」を強いられた子どもは、ある程度周囲とうまくやれる子に育つのですが、一方で「感性」が鈍くなっていくのです。

これまでお話しした通り、これからは「感性と欲求と感情」の時代。感性が鈍ければ、

ＡＩの開発やエンターテインメント系の仕事などには携われません。

Ａ子さんは感性を上手く育てられないで大人になりました。アニメや漫画を始め、エンターテインメントの要素を受け入れられないし、趣味も楽しみも持てない人になってしまったのです。

我慢の強調は、感性をつぶすだけでなく、大人になってからのストレス対処能力も低下させます。我慢強い性質はストレスに強いように感じますが、それは中程度でのストレスに対してです。高度のストレスに対しては、私たちは距離をとるなどの「適切な対処」をとらなければなりません。耐えるという対処ではなく「避ける」という対処法です。

我慢を強く刷り込まれた子どもは、大人になって、強いストレス環境から逃げ遅れる可能性が高いのです。

カウンセラーをやっていると、今すでに「我慢強い人」がうつになりやすく、時代の流れに乗り遅れがちであることを痛感します。うつは我慢では対処できない高レベルのストレス状態。その環境から離れなければいけません。けれども、「我慢強い人」はあえてその状態に居続ける。「逃げたくない、負けたくない」と思い込んでいるのです。こうした人は問題解決ではなく、ただ「苦痛に耐える」ことが目的になってしまっているのです。

我慢しか自分の感情を収めるスキルを持っていない人は、これからはもっと苦労することになるのです。

といって、「我慢」自体は、決して悪いことではありません。ただ、我慢は欲求や感情に対して力業でそれを抑え込もうとするもの。我慢自体に大変なエネルギーを使ってしまいます。

また、物理的な環境への不満に対しては、我慢は現実的な良い戦略です。ところが先にも触れましたが、感情や欲求は、物理的な不足より、人に対して強く発動してしまいます。令和の時代、私たちの欲求不満は、対人への期待や比較によって大きくなります。その大きな感情と欲求を、ただ「我慢」ばかりしていると、〝人生１００年時代〟にはあっという間に消耗してしまうのです。

これまで見てきたように、我慢だけでなく、こだわりの強い指導は、

・子どもへのダメ出しが増えるため、自信のない子どもになってしまう
・こだわりのために他者の価値観を認められず、イライラしやすく、トラブルや悩みを持ちやすい子どもになってしまう

・こだわりが「正しい」という刷り込みが強くなり、自分で観察し、自分で決めるという思考ができなくなる

つまり、令和時代に必要な3つのメンタルスキルの全部を妨げてしまうのです。令和時代に向かう子どもに、かなり大きな負債を背負わせてしまう恐れがあるのです。

私が、今の親御さんに戦略子育てのポイントを一つだけ伝えるなら、とにかく「こだわりのある子育てをやめる」ことをお願いするでしょう。とても重要な引き算です。

と、ここまでこだわりの強い子育ての「弊害」について、つい熱く語ってしまいました。読者の皆さんの中には、「いやいや、そうは言っても、世の中を生き抜くには、しっかりしたしつけや我慢が必要ではないか？」と疑問に思う方もいらっしゃるでしょう。講演会などでも一番質問が出るところです。

「頭では理解できるのですが、いざ自分の子どもにとなると、心がついていかない」という方もよくいらっしゃいます。

この質問には第3章でお答えしますが、それを理解していただくためにも、皆さんにはもう少しだけこのページを読み進めていただければと思います。

戦略子育ての足し算

次はいよいよ、親がやっておいたほうがいいことです。

実は、ここはそれほど強調したくない項なのです。というのも、これからの時代は本当に先が読めないから。これさえ押さえておけばという要素を指定できないのです。

一方で親は、子育てが大切だし、不安なので、こうすればいいという情報には、飛びつきやすいものです。それが、先に説明した「こだわり」に発展する可能性もあります。

ここで紹介する「やっておいたほうがいいこと」は、あくまでも、そのほうがいいかもしれない……というぐらいの軽い意識で読んでいただきたいのです。

これから、先に紹介した「これから必要となる3つのメンタルスキル」の区分に従い「自己肯定感」を育むための3つのポイントと、「人間理解」を進めてくれる4つのポイント、新しい学び方のスキルを鍛える3つのポイントを紹介します。

子どもの自己肯定感を育むポイント

①上手な「負け方」のスキルを教える

これからは人間関係のトラブル、挫折体験が増えて、「評価地獄」の時代に突入します。そこでまず教えたいのが、上手な負け方。柔道を学ぶときは、まずは投げ方より受け身のとり方を教えます。受け身をとれるようになれば、大きなけがをせず、ハードな練習を積みながら、強くなっていくことができます。

人生も同じ。よく、挫折を経験してこそ強くなれるといいますよね。ただ、時代は少し人を丁寧に扱いすぎて、子どものころから挫折を避けるような子育てが行われる風潮にあります。お子さんにはぜひ、子どものころにたくさんの小さな挫折も経験させてあげてください。

ただ単につらい思いをさせればいいかというと、そうではありません。もしそうなら虐待を受けた子どもはすべて強くなっているはずですが、実際はとても過敏な大人になってしまうことが多いのです。成長のための刺激は「適度」でなければなりません。また、挫折のショックを受け止めるスキル（受け身）が必要です。

失敗したり、嫌われたりしても必要以上に落ち込まない。そんな「心の強さ」を底支えするのは「自己肯定感」。そしてそれを育てるために、本書で勧めているのは、やや自分寄りに評価できること。これができるようになるには、コツがあります。

1つ目のコツは、結果の評価と自己の評価を分けること。

2つ目のコツは、バランスよく評価すること。反省点だけが目につきやすいですが、むしろ「良かったところ」にしっかり目を向けます。やり方としては、良かったところ3つ、悪かったところ1つ、今後の改善策を1つ挙げるのです。この方法は「サイコーの評価法」と名付けて、私の講座やこれまでの著書でもよく紹介しています。良かったところ3つ、悪いところ1つ、改善策1つ、というバランスが重要です。

挫折したとき、例えば、子どもがサッカーのペナルティーキックを外したという場面で考えてみましょう。親が「失敗したね。残念、恥ずかしいし、悔しいよな」と事実を認めます。でも、「お父さんは、○○はよくやったと思うよ、だって、○○はできていたし、○×は前よりうまくなった。○▽は初めて経験できたしな。ただ、×▽のときは、ちょっと緊張しすぎだったよな。お父さんも小さいときは、同じだったよ。そんなときは、深呼吸をしたもんだ。そして緊張しないように、練習あるのみだ」と、一緒にバランスの良い反省会を開いてほしいのです。

負けたときほど、親が一緒にいてくれると、子どもには安心感が生まれ、次にチャレンジする勇気が湧いてきます。

②自分の感性を大切にさせる

自分の「好き」と「嫌い」をどれだけ尊重できるか、未来はその感性が、大げさではなく成功を決める重大な要素になっていくはずです。

「好き」「嫌い」の感性が鈍いと、まず仕事で成功できません。ＡＩには人の「好き」はわからないので、感性系の仕事は最後まで人に残ります。感性が鈍くなるとそのチャンスを失ってしまうのです。

食べ物の「好き嫌いのない子」は、食料難の時代の名残です。残さず食べなさいというしつけで育った親は、どうしても、その感覚を子どもに押し付けがちです。

もちろん、栄養を考え、ある程度の我慢をさせることも必要でしょう。でも、それが強すぎると子どもは「嫌い」という感情自体を悪者として考えるようになってしまいます。嫌いは生きる中でどうしても生じる感情なので、悪いものが自分の中にある、という自己否定が始まります。

好きも嫌いも、まずは親が全部認めてあげてください。現実の対処は別物です。気持ちは尊重するのです。

何かをする、しないについても、理屈で決める部分があってもいいのですが、子どもが「なんとなくしたい」「なんとなくしたくない」と言うのであれば、その感性を尊重するのです。その「なんとなく」が、将来大きなビジネスを動かす力になるかもしれません。

先にも触れましたが、現実の対処は別です。

例えば、友達家族とレストランに行って、子どもだけが食事を終わり、遊びたくなった。その感性と欲求は認めます。でも、大人が食事をしている間は、席を離れないというしつけをするべきです。ただ、制止し我慢させた後、タイミングをみはからって、子どもの欲求自体は承認してあげてください。

「さっきは、○○はもう食べ終わったから、遊びたかったんだね。でもお母さんたちは、まだ食事していたから、席についていてと叱ったの」

叱った理由が伝わるかどうかは、年齢にもよると思いますが、とにかく、遊びたかった、という気持ちだけは尊重してあげてほしいのです。

③ディスられる勇気を鍛える（ネット系トラブルへの対処能力）

過剰にダメ出しをしないことは、令和のインターネット時代には、「ディスられる勇気を鍛える」と言い換えてもいいかもしれません。

ディスられる、というのは、悪口を言われる、馬鹿にされるということです。さて、A子さんの物語の中で、A子さんが苦しんだことの一つに、ネットでの中傷がありました。

新時代に「成功したい」と思ったら、時にそこに打って出る強さも必要となるでしょう。ネットで話題にならない限り、なかなか成功しないご時世でもあるからです。自分の行動や考えをさらけ出し、嫌われたり、ディスられたりするくらいでないと、ネットでは目立ちません。昨今、小学生ユーチューバーが不登校を是認する発言で炎上しましたが、おかげで彼はものすごく有名になりました。彼のサイトの訪問者はさらに増えたそうです。そういう時代です。

令和時代は、2割の成功者に入るためだけでなく、日常を便利に過ごすためにも、インターネットの世界との付き合いを避けるわけにはいきません。

個人情報を知られるからと言って、ネットに自分の情報を全く出さないと、ＡＩがもたらしてくれる利益も充分には得られません。将来は様々な公共サービスを受けられなくなったり、自分のお金さえ使えなくなるかもしれません。成功するにも、社会活動するにも、どうしてもインターネット社会と付き合っていく必要があります。

とはいえ、ネットでの炎上のエネルギーはものすごいものがあります。

病院の対応に腹を立てて、支払いを拒否したことをＳＮＳで上げた県議会議員が、ネットで大変な非難を浴び、１ヵ月後には自殺をしたというケースもあります。

ディスられる勇気だけでなく、そのようなネット上の非難とどう付き合うかというスキルも重要になっていきます。それは、ネットのバーチャルの世界、情報とどう上手に付き合っていくか、という側面も含みます。

中学生のＳＮＳでディスられたＡ子さんは、現実の中で法的手段などで反撃する考えでした。ところがバーチャル世界に慣れているＢ美さんは「答えは簡単よ。そんなときはＳＮＳは一切気にしない、見ない」と言っています。傷ついた気持ちには手当てをしつつ、バーチャルの世界とどのように距離をとり、上手に付き合っていくのかということも、新時代を生き抜くための重要なポイントとなっていきます。

親は、たかがネットで悪口を言われたぐらいのこと、と思わずに、全力でサポートしてあげてください。ネットのトラブルの挫折をしっかり乗り切る体験が、令和30年には、ネット前提の社会で幸せになるための勇気の基礎となるのです。

リアルな人間の理解を深めるポイント

①人の多様性と複雑さを知る（人の心の「12の特徴」）

そのためには、身近な存在の親が「人というもの」についてなるべく現実的に教えてあげることが必要です。ただ、親自身が本当に幅広く人間を理解しているかというと疑問です。というのも、これはいくつになっても修行して研鑽していくべきテーマだからです。

私は、感情のケアプログラムという、大人のためのメンタルトレーニングの中で、人の心の「12の特徴」について解説しています。

人の心の「12の特徴」

□人は一貫しないもの

様々な感情が同時発生する、善意も悪意も同居する、TPOでコロコロ変わる、ウソもつく、裏切ることもある。

□感情や欲求はなくせない

感情や欲求は、人の基本的な機能。一時的に抑えることはできても、ゼロにすることはできない。ケアしないとずっとくすぶることも。

□人はそれぞれ、正義もそれぞれ

人には感性がある。どのポイントで感情や意欲が働くかもばらばら。自分と同じではない。特に正義は普遍的なものではなく、人それぞれ。

□人はなかなか変わらない、成長しない

言われたからと言ってすぐには変わらない。大人になったら「立派」になるかというと、そうでもない。

□でも人は変われる

理屈より、体験で変わりやすい。体験の時間や回数、イメージで変われることも。

□人の言動、反応にはそれなりの理由がある

それぞれの人の様々な体験に基づいて、今の発言やリアクションがある。

□人は物語を見つけ安心したい

人は、現状を理解し不安を小さくするために、いろんな解釈をしようとする。それは必ずしも客観的でなくても、その人にとっての安心や意欲につながるもの。だから「物語」のように見えるが、その物語を持てるかどうかで、安心が決まる。

□人間関係のトラブルは当たり前

人を恐れる気持ちは誰もが持つ。他者は自分を攻撃する可能性があるから。

□人はエネルギーを使いたくない（怠けたい）もの

エネルギーは大変貴重。生死にかかわらないと判断された作業は、続かない、飽きる。何かをやるからには「意味」「意義」が必要。我慢には限界がある。

□人は他人をコントロールしたがる

人を恐れる気持ちの一方で、人がいないと生きていけない。安全とエネルギー保護のため、自分に他者を従わせたい。わがままも、人より上（優位な立場）に立ちたいのも、同じ理由。

□**（特に日本人は）自分を責めやすい**

自分の中で悪いところを、たくさん知っている。他人に隠していると感じやすい。和が大切なので、他者を攻撃したくない。主張もしたくない。目立ちたくない。目立つと攻撃されそうだから。

□**人は過去と将来の不安にとらわれやすい**

将来の危険を予測するために、過去の危険なデータを検索する癖がある。情報により不安になり、情報で安心する。現実とあまり関係ないことも。

「一貫しなさい」「すぐに成長しなさい」「怠けず頑張りなさい」という教えがありますが、それが人の本質ではありません。むしろ

本質は、この12の特徴のほうなのです。人は一貫しないし、成長もしない、すぐ怠ける性質があるのです。ただ、そのままだと社会がうまく回らないので、「一貫しなさい」をはじめとした教えがあります。教えは努力目標です。

大人になるときに、あまりにも人について理想的、聖人君子的なイメージ（期待）を持っていると、他者の等身大の行動について「自分は不当に扱われている」と怒りを感じやすくなり、等身大の自分の言動に対し、自己嫌悪に陥るのです。12の特徴をきちんと理解しておけば、他人にも自分にも優しい大人になっていけるでしょう。

②「疲れ」とそのケアについて理解する

12の特徴にもありますが、人はエネルギーをとても大切にする本能があります。そのエネルギーが低下する（疲れる）と、能力が低下し、人格も変わっていきます。一方で、エネルギーの低下（疲れ）はなかなか実感しにくいものでもあり、対処が遅れがちです。この事実に、案外多くの人が気が付いていません。

疲れについて、親がもっとよく知り、それをぜひ子どもに伝えてほしいのです。私は疲労を3段階で説明しています（図3）。

［図3］蓄積疲労の3段階（1倍〜3倍モード）

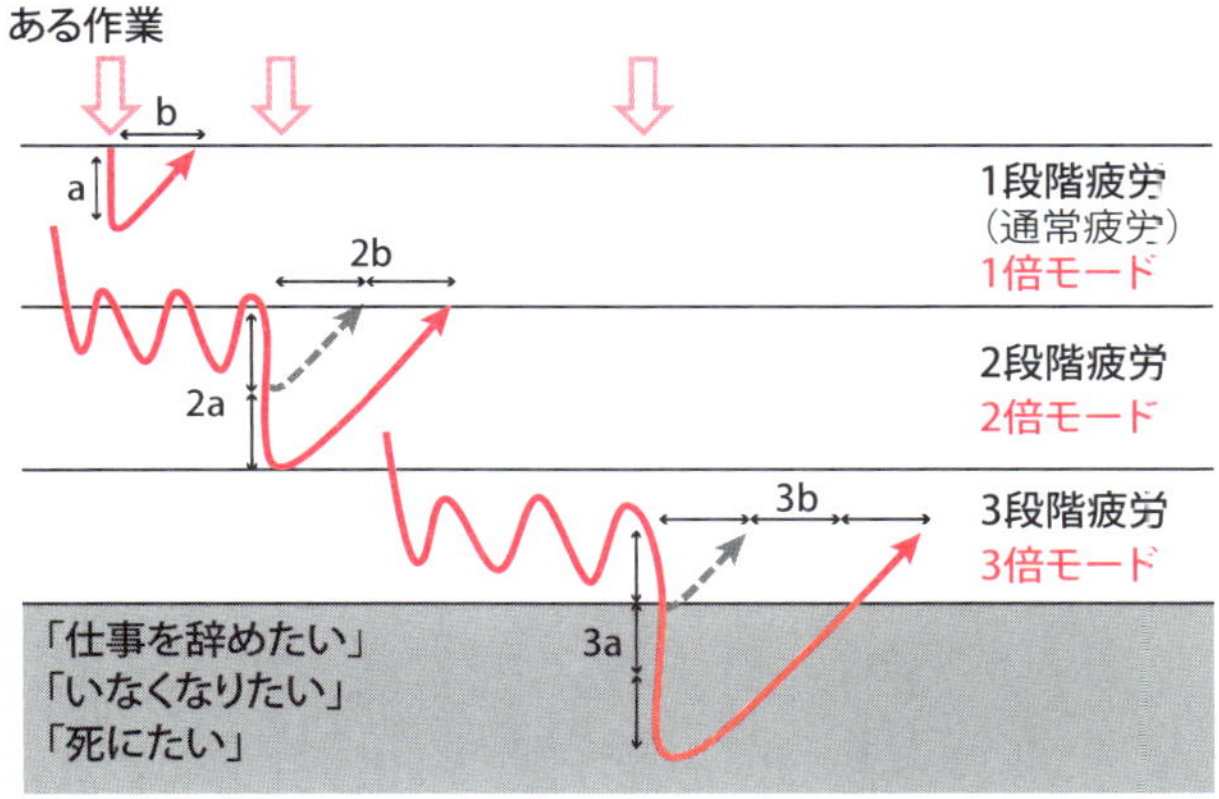

元気なときにある作業をすると、疲れます。疲れの度合いをa、回復に要する時間をbとします。一晩寝れば回復する程度だと思ってください。これを通常疲労の段階といいます。

何らかの要因で疲れがたまってくると、疲労の第2段階に入ってきます。第2段階は、別名2倍モード。同じ作業に対し、疲労度が2倍、回復までの時間も2倍かかります。それだけでなく、例えば誰かに嫌なことを言われたというショックも、いつもの2倍大きく感じてしまいます。しかしこの段階では、気合を入れてパフォーマンスを維持することもできます。やり遂げたい、人に遅れをとりたくない、弱いと思われたくないという思いが強い人は、必死に疲れていることを「感じないように」してしまいます。これを私は「表面飾り」と呼んでいます。明らかに疲れているのに、私は疲れてなんかいない、と言い張る人は、この表面飾りです。

もし、その状態でさらに活動を続けていると、とうとう疲労の第3段階に入り、エネルギーを大切にする人間の体は、強制的に活動停止のスイッチを入れてしまうのです。うつという状態です。とてつもない疲労を感じさせ、気力や欲求を感じさせなくなり、人や社会と接すると自分が責められるような感覚になるのです。こうすると、人は自然に引きこもり、その結果エネルギーが回復するのです。

序章のA子さんは、司法試験に疲れ、人間関係に疲れ、ランニングにも疲れ、とうとう第3段階に入ってしまったようです。

この場面での、適切な対処は、当然「休む」こと。ただ、「あと少し」が魔法の呪文のA子さんは休むことに罪悪感を覚え、休む自分は他者から非難されると無意識で感じてしまうのです。

A子さんのケースでもおわかりのように、現代や未来に予想されるうつ状態は、肉体の疲労よりむしろ、精神面（感情）の疲労のほうが主体です。

一旦第3段階になると、回復まで数ヵ月から数年かかってしまいます。骨折が治るのと同じぐらいかかるとイメージしてください。もちろんその間何もできないというわけではありません。骨折していても、治るに従い、だんだん活動できる範囲が広がり、以前のような運動ができるようになるまで1年ぐらいかかる、それと同じイメージです。

特に私たちのエネルギーを奪うのが、人との付き合いであることは、先にも触れました。直接の交流だけでなく、ＳＮＳなどでのつながりも、私たちを消耗させます。それに一番影響を受けるのが実は子どもたちなのです。

以前は、エネルギー豊富な子どもには、うつはないと思われていました。今は、小学生でも、うつになる時代。

親は、子どもの機嫌が悪いとき、気力がないとき、勉強をしないときなど、性格や能力、我慢が足りないせいにしがちですが、「もしかしたら疲れているかも」という視点をぜひ持ってください。

例えば不登校の背後には、疲れ切ってしまった状態があると想定するほうがよいのです。直接的な「嫌」なことを排除しても、疲労した状態は改善されていない場合が多い。まだ2倍モードです。いきなり学校へ行くことを強要すると、少しの刺激で傷ついて、また学校に行けなくなります。そうすると、さらに自信を失ってしまいます。

そんな時は、親が焦らずに、「疲れているから、それをしっかり抜いてから活動すればいい」と子どもを安心させてください。子ども自身が一番焦っているのですから。


今の子どもが大きくなったとき、私たちの精神世界は、とてつもなく大きなストレスと直面します。そのときに目の前のストレスの原因だけに対応している人は、疲労にやられてしまいます。ストレスが多いときほど、疲労をケアする意識を持たなければなりません。

疲労を上手にケアする一番のポイントは、睡眠をきちんととることです。食事を大切にすること、そして静かな休養の時間をとることも重要です。

「寝ないで頑張ろう」とか「仕事も遊びも全力」などの考えでは、いずれ心身が破綻してしまいます。幸せに生きるためには、大人はもちろん、子どもも日々「疲労ケア」をするべきなのです。

③「感情」とそのケアについて理解する

疲労と深い関係を持つ「感情」についてもぜひ理解をしてください。

怒りや不安、嫉妬も含めて、「感情」は悪者ではありません。「感情」とは、古代、原始人がエネルギーを確保して生き延びるために、DNAに刻まれたシステム。「怒り」があるから、マンモスの襲撃に立ち向かうことができたし、「不安」があるから、冬の訪れや天候など将来をシミュレーションして備えることができました。感情は、生命にとって重要な場面で、私たちの頭と体をその場面を乗り切るための最善の状態にしてくれる素晴らしいシステムなのです。強敵が現れたとき、「変身!」して仮面ライダーになったり、「ドラゴンボール」の悟空がスーパーサイヤ人にバージョンアップするのと同じイメージです。

ただ、この感情のシステムは、あくまで原始人時代仕様。攻撃されたら、命がけで反撃するための機能です。これが現代人に発動すると、少し上司に指導されただけで、腹が立ってその上司を殺したいほど憎むなどと、オーバースペックになりやすいのです。そこで、現代人は、それを必死で我慢しなければなりません。

スーパーサイヤ人になると悟空は、そのあと大変消耗します。それと同じように、感情は私たちの体を非常事態態勢にするので、とても疲れるのです。さらに、その感情を抑える我慢のエネルギーも必要です。現代人は感情によって疲れるので、「感情労働」という言葉ができたぐらいです。

令和30年、感情はビジネスや娯楽の原動力になっています。一方、感情によって、振り回され疲弊するケースも増えていきます。我慢という対処だけでは、過剰な感情を抑えきれなくなることは、以前にもお伝えしました。私たちは、感情とどのように付き合っていけばいいのでしょう。

「感情」との向き合い方にはスキルがあります。

ポイントは、感情そのものを悪者にしないこと。一般的には、感情を抑え込もうとしますが、12の特徴でも紹介したように、感情はもともと人の基本機能として存在するもので、なくせません。それをなくそうと努力しすぎると、「努力してもできない自分」という自分へのダメ出しをしてしまいます。いつまでも「悪い欲求・衝動が自分の中にあり、それをコントロールできない」という不全感を持ち続けてしまいます。ですから、まずは、すべての感情を認める（許す）ことが大事です。

次に、現実問題と感情の問題を分けて考えることが重要です。

いじめられた子どもに対し、親と教師が対応し、いじめっ子と離した。これは現実対応です。「もう大丈夫、学校に行きなさい」は、感情の問題を無視することになります。怖いという感情を受け入れ、その怖さをどう緩めていくかを一緒に考えてください。そのときこそが、親の出番です。

現実問題の解決方法は、教育コンサルタントでも弁護士でも、合理的な答えを導き出せます。ところが、感情は人それぞれ。DNA的にも、環境的にも子どもと一番近く、事情を一番よくわかっている親が、「自分ならこの感情にこう対応する、こうしたらうまくいった」というアドバイスをしてほしいのです。

ところが、疲労のときと同じように、ここでも親自身が「感情をケアする?」とピンとこない場合も多いと思います。本書で紹介している、第3章の「心の会議」や「7〜3バランス」などは具体的な方法ですが、ほかにも様々なスキルがあり、それらを自分の個性で選択し、洗練すればいいのです。先に紹介した「感情のケアプログラム」の内容を、一般向けに『人間関係の疲れをとる技術』(朝日新書)、『寛容力のコツ』(三笠書房)などで紹介していますので、ぜひ親御さん自身が試してみて、アレンジし、お子さんにヒントを渡してあげてください。

④コミュニケーション能力を鍛える

これからの社会は、自分とうまくやり他人ともうまくやる、そんな「コミュニケーション能力」が、学力よりもむしろその子の人生を左右していきます。仕事ができるかできないかよりも、他人とうまくやれる人が重宝されるのです。

このスキルに長《た》けているなと感じるのが、今でいうと「お笑い芸人」です。お笑い界出身の人は、企業社会でも大変強いそうです。お笑い芸人をあきらめた人が、一部上場の3社を受けて全部内定をもらったとテレビで紹介されていました。他人の笑いのツボ（ニーズ）を推測し、その場をいかに和ませるか、そのバランス感覚こそ、現実のビジネス社会の場では求められるからでしょう。誰もが憧れるような花形の職業、例えばニュースキャスターに子どもをつかせたかったら、有名大学よりも「お笑い芸人」の道を目指させたほうがいいのかもしれません。

人は直接会ったり、話をしたりしなければ、本当のところはわかりません。コミュニケーションの場では、自分が相手の立場に立つこと、相手にも感情があるので自分が発する「メッセージ」を工夫することも求められます。ただし、このスキルや人間関係の塩梅《あんばい》は、いくら言葉で教えたところで身につきません。実際のコミュニケーションを続ける中で、傷を負いながら学んでいくしかないのです。

親にできるのは、親もまた傷を負いながら、リアルなコミュニケーションをとり続けていくこと。その姿を子どもに見せていきましょう。

新しい学習スタイルを身につける

①「正しいこと」依存の脱却を

これまでの教育の基本は、先生が既存の知識や経験値を「正しいこと」として伝え、それを正確に受け取ることが主体でした。

この方法は、画一的な人材を育成できます。共同体運営も楽になります。一方で、自分の中の感性や欲求、感情を、いつのまにか「正しくないこと」として否定するようになります。つまり自信のなさです。

また、課題に遭遇すると、正しいことを求めて書籍や専門家を頼ります。そこで得られた正しい方向に向かい、正しい手順でやることが大切でした。結果によって、修正しようとする考えもありますが、示されたとおりに（正しく）やれたか、の視点で、「計画」の修正ばかりになってしまいがちです。

つまり、自分で感じ、自分で考え、自分で決断するという分野があまり育てられないのです。また大きな視点の変更が利きません。与えられた方向性（計画）だけを気にして、現実をきちんと見る癖もついていません。

では、令和の時代に幸せになるには、どのような思考を身につければいいのでしょう。

令和はとにかく変化が激しい時代。現状をしっかり見る、という態度が一番重要になります。そして、計画にエネルギーを注ぐのではなく、何らかのトレンドを「感じ」たら、まず行動に移して、それが有益かどうかを確かめる。実験室での実験を繰り返すのではなく、現場での試行錯誤です。たくさんの矢を放ち、そのうち手ごたえがあれば、それを広げていくという流れが必要でしょう。その一例がOODAループですが、下手をすると、目的を見失う恐れもあります。

例えば自分のやりがいを見つけようといろいろ試していたのに、いつの間にか、お金儲《もう》けに追われている。そうなっては、どこか人生をうまくコントロールできないという思いが強くなるので、自信が低下してしまいます。

おそらく最強は、目的意識＋OODAループという考え方です。しっかりと目標を「意識」してみる必要があります。本書でも、子育ての目標をまず意識してみました。

また、我慢へのこだわりなど、一般的な親が無意識のうちに目標としてしまうことを指摘し、それを「意識化」してもらおうと試みています。

この思考法のところでも、私たちの「正しい方向、正しいやり方」への無意識レベルのバイアス（目標化）に気づいていただきたいのです。

そして、子どもには、正しいことではなく、役に立つこと、有効なこと、利益を得られることという目的を重視した思考ができるように伝えていきたいものです。

②情報と感情の関係を教える

OODAループのポイントは、客観的な現状観察です。ところがこれが実は大変難しいのです。ただ偏見なく見るだけなのですが、それを難しくしているのが、令和時代の重要要素、「感性・欲求・感情」なのです。

これらは、私たちの目に「色眼鏡」をかけさせます。

お腹がすいているときの食事はいつもよりおいしく見え、おいしく感じます。美的センスの優れた人は、普通の人が「いい部屋」だと感じるマンションでも、こんなひどいデザインのところに一瞬でもいたくない、と感じたりします。恋愛すると、恋人が美しく見え、怒りが生じると相手の行為がすべて悪意に感じます。

そう、私たちは、かなりいろんなバイアスをかけて物を見てしまっているのです。

令和の時代は、感性、欲求、感情を研ぎ澄まさなければ成功しないので、この「色眼鏡」もかなり濃くなりがちです。

だからこそ、私たちが何かをやるときは、意識的にその色眼鏡を外して接するスキルを身につけなければならないのです。

まずは、情報との接し方。

受け取った情報を、すぐに鵜呑《うの》みにせず、情報そのものについてよく考えを巡らせる癖をつけるといいでしょう。今でもフェイクニュースや捏造《ねつぞう》情報が出回っていますが、これからの時代はもっといろんな情報があふれるでしょう。世に出る情報は、ある人が、ある目的で発信しているかもしれません。親がいつも一歩引いたところから情報を受け取る姿を見せることが必要です。

また、子ども自身が不安になると、情報をネットで検索するかもしれません。不安というのは危険を予測する感情なので、必ず「危険性のある」情報に食いついてしまいます。危険性のあるワードで検索すると、当然それ関連のネガティブな情報に接します。そしてそこからリンクすると、あまり根拠のない不安だけをあおるサイトに行きつきやすいのです。特に騙されやすいのが、「単純化された理論」「専門家の意見」「データ」「事例」「比喩」などです。これらは本当に説得力があるので、結構簡単に自己洗脳されてしまいます。

また、SNSなどで同じ傾向の人だけが集い、盛り上がると、さらにその情報の「本当らしさ」は強まってしまいます。

子どもが何か極端な意見を持っているようなら、それはこうした不安のサイクルに陥っている可能性があります。不安をベースにした感情の色眼鏡が、理論武装してしまった状態になっているので、そこで理屈で論破するのは、かなり難しくなります。

そのときにはあまりそのことには触れず、子どもの不安を緩めることから始めるといいでしょう。第4章の子どもの悩みの支え方を参考にしてください。

できればそうなる前に、親がネットでの情報の受け取り方のお手本を示してほしいのです。感情が情報に与える影響を自分でしっかり認識し、ネットで検索した後は、生身の情報に触れる、違う人の意見を聞く、歴史を紐解いてみる、などの修正作業を行います。やり方はその人次第、できるだけ中立の姿勢で、現状観察できるように工夫してみてください。その姿を子どもと共有するのです。

例えば、子どもが自分の受験校選びのために、様々な学校の検索をしていて、

「○○高校は、ネットの評価が低いなあ。掲示板見たら、先輩からのイジメが多いって書いてある」

などと言い出すこともあるでしょう。当然のことですが、ネットは匿名性が高いので「本音」もあるけれど、その反面、誇張やウソの情報も同時に多いものです。それに対して親は

「それ、本当のこと？　本当だとしても、もしかしたら、たまたまちょっと行き違いがあった子が、腹いせに書き込んだ可能性もあるよ」

などと、ちょっとネットの「見方」を教えてあげるだけでいいのです。さらに、直接学校を見にいくとか、在校生に話を聞いてみるとか、リアルの情報に触れて「実際に感じて

みる」ことで、印象がだいぶ変わることも教えたいものです。

③「始める」と「終わる」を軽やかにする

「ナニワのウクレレ少年」として人気の近藤利樹くんは、小学生でプロになったウクレレプレーヤーです。サッカーも水泳も続かなかったそうですが、7歳で始めたウクレレは続いて、演奏を母親がユーチューブにアップしたことをきっかけに、プロになったそうです。演奏動画やインタビューを見ると底抜けに明るいのが魅力で、本人も「ぼくは自己評価が高い」と自負しているようです。

さて、子どもが「ピアノを習いたい」「サッカーをやりたい」などと習い事を始めようとしたとき、あなたはこれまでどんな態度で対応してきましたか？　そして「やっぱりやめたい」と言ってきたり、やる気をなくしていたりしたら、どんな風にしていますか？

「新しいことは慎重に始めて、最後まで頑張る。簡単にあきらめない」、それがよくある始め方と終わり方の態度です。「やるならやってもいい。でも最後まで続ける、それが約束だ」などというのが、立派な親の定番の答えでした。

でも、そんなに真剣に取り組むと、やめるときに「続けられなかったダメな自分」「期待にこたえられなかったダメな自分」「逃げてしまうダメな自分」というとても大きな挫折を感じやすくなります。

「自己肯定感」を育てるためには、「とりあえず始める。よかったら続ける。ダメだったらあきらめる」と軽やかにするのが必要です。

新しいことがどんどん生まれる社会です。習い事も感性系の仕事も、「やってみないとわからない」のです。子どもにはいろいろ手を出させて、合わなければ早々とあきらめさせる。こうした経験を良しとして、幼いころから積極的に積ませておく。それが、まさに、「OODAループ」への実践トレーニングです。

もし子どもが「ツイッターをやってみたい」「ゲームがやりたい」と言い出したときも、「どんどんやりなさい」とすすめましょう。このようにいうと、え？　と抵抗感を持つ方もいるかもしれません。でも、お子さんがやりたいと言い出したことがバイオリンや野球だったら、どうでしょう。親は止めないでしょうし、むしろ関心を持って、応援してあげるでしょう。ここに、すでに親としての価値観が邪魔してしまっているのです。親は、課金などには十分注意を払いつつ、見守って、子どもにどんどん新しい実験をさせていくのがいいと思うのです。

子どもに教える2つのチャンス

さて、将来必要なメンタルスキルを子どもに身につけさせていくために、のぞましい親の態度を引き算と足し算に分けて話してきました。

「話としてはわかったけれど、具体的には、子どもにどう伝えていけばいいのか……」と、疑問に思った方もいらっしゃると思います。

子どもに教えるチャンスは2つあります。

その一つが毎日の生活の中での親の態度を見せること。具体的なことは何も伝えなくても、日ごろの親の態度で教えていけます。いわゆる職人などが言う「背中で教える」ということですね。親の背中は、言葉よりも雄弁で強力な「メッセージ」なのです。

もう一つのチャンスが、子ども自身が悩んだとき。心の危機を親が支えてやるときです。悩んでいるときは、学習効果も高い。こちらの「子どもの悩みの支え方」については第4章で詳しく説明します。

ここでは1つ目の、日ごろの親の態度でどう子どもに将来に必要なメンタルスキルを教えていくのか、お話ししていきましょう。

まず親の影響度の大きさを正しく認識しよう

親の教えとは、言葉による教育もさることながら、実は日常の言動からメッセージが出ていて、それが子どもの価値観を育んでいきます。いや、厳密にいうと「育んでしまう」のです。

例えば、親がどんなに子どもに「睡眠は大事だ」と言葉で教えていても、親自身がろくに寝ないで仕事をしていたら、「仕事とは睡眠を削ってでもやるものなのだ」と子どもは学習します。言葉はなくても、親としての日ごろの生活態度、雰囲気、振る舞いは、すべて子どもにとっては「メッセージ」なのです。繰り返し与えられるメッセージは、「価値観」を育みます。

「価値観」には、仕事に関すること、人間関係に関すること、世の中に関することなどいろいろあります。ですが、生きていく上で影響が大きいのは、子ども自身に関する「価値観」。つまり自己肯定感（自信）です。

例えば「無視」という態度はとても怖い虐待になり、その子の自信を蝕みます。

また、「自分は怒ることはない。叱るだけ、論理的に注意するだけ」という親御さんもいるでしょう。ただ、強く言わなくても、言葉使いや言う回数で強いメッセージが伝わることもあるのです。

例えば、毎日の生活の中で、「どうしてあなたはいつも落ち着きがないの」「すぐあきらめてしまうのがお前のダメなところだよ」などと、欠点を正してほしくて、子どもに何度も繰り返したとしましょう。親としてはしつけのつもりで、特に強く言ったつもりはありません。時には、ため息をついただけ。

でも何十回、何百回と回数を重ねれば、それは「価値観」として成立してしまうのです。ちなみに、私はそのことを「40回、400回の法則」と呼んでいます。40回、400回とは私の経験値からくる数字。新しいスキルを習得するのでも、強烈な体験なら40回、単に繰り返すだけなら400回やれば、体が覚えてしまうという法則です。

同じように40回、400回とダメ出しの言葉や態度を与えられると、子どもは「自分はダメな子」という価値観を体で覚えてしまうのです。親は一部分を正しただけで、「あなたはダメだ」なんて言っていないのに……。

また、無意識のメッセージについていうと、最近はこんな場面が気になります。子どもが話しかけているときに親がスマホに気をとられている場面です。

スマホから手が離せないという人も多いと思うのですが、それは子どもにとっては「お父さんとお母さんは、私よりもスマホを見ている。私よりも大事なことがある。私は大事にはされていない」と受け取るメッセージになってしまうのです。

そんなつもりは毛頭なくても、それが、親の影響度の大きさなのです。

自己否定の癖をつけないために（感情や欲求を認める）

親の日常の接し方が、いかに大きなメッセージになるかについてお話ししてきましたが、その中でも特に意識していただきたいのが、これまでも強調してきた「子どもに過剰な自己否定の癖をつけさせない」ということです。日常の中でどう具現化するのか、これまでの説明をもう少し具体的にしたいと思います。

一般的な日本人の生活の中で、いちばん自己否定の癖をつけてしまうのが「自分の欲求や感情をなかったことにする」という心の動きが「強すぎる」場合だと私は考えています。

私たちは何かに失敗したとき落ち込みます。例えば就職試験に落ちたとしましょう。その結果を受け入れるとき、悲しかったり、不安になったり、就職活動が嫌になってしまったり、自信を失ったりします。それはごく普通の正当な感情の働きです。

ところが、「悔しい」とか「不安だ」「もう嫌だ。すこし休みたい」と感じても、日ごろから「自分の感情や欲求はなかったことにする」人は、我慢を最大限発揮して、そんな気持ちを必死に打ち消します。そして、気分を変えて現実問題に対処しようとするのです。もっと周到に情報収集しようとか、もっと筆記試験の勉強をしようなどです。

それ自体は、問題解決に向かう行動ができるので、素晴らしい対処法です。きっと、これまで親や先生、先輩などに教わってきたやり方でしょう。

問題は、「感情をなかった事にしなければ、感情を完全にコントロールしなければ」という思いが強すぎる場合です。

「不安なんか感じないようにしたはずなのに、自分は、一つ落ちたくらいでどうしてこんなに不安が消えないんだろう。ほかの人はめげずにやっているのに（＝人と比較してダメな自分）」

「この不安を忘れるために、ゲームでもしたい。でも、それは問題から逃げているだけ（＝逃げてしまうダメな自分）」

「結局ゲームしてしまった。時間だけを無駄遣いした（＝我慢できないダメな自分）」

「気分を変えたのに、まだ不安だ（＝感情にも対処できないダメな自分）」

と、自己否定の嵐に突入していってしまいます。

そもそも「感情」は、水が欲しい、食べたいという原始的な欲求と同じレベルで発動するもの。水が飲みたくなったときに、「水が欲しいなんて、ダメな自分」と、いちいちダメ出しする人はいないはずです。

なのに、「感情」については、なぜか自己否定を続けてしまうのです。さらに、「休みたい」「眠りたい」「遊びたい」といった欲求についても、「欲求自体を我慢できない自分はダメ」と感じやすいのです。自然な欲求なのに……です。

では、このような心の動きにはどう対処したらいいのでしょうか。

まず、感情や欲求の発動自体は認めます。そして、それをどう現実社会でコントロールするかを考え、そこに必要なだけの我慢をすればいいと考えてください。

「感情」も「欲求」も、まず認めないと、発生を抑えるための我慢が必要になってしまいます。でも、それは大変なので、結局人は感情や欲求自体を感じないようになっていきます。69ページで、我慢強い子の感性が鈍くなっていく話をしましたが、それと同じ話です。

とはいえ、結局私たちは人間なので、感情や欲求はどうしても自然に湧いてくる。抑えつけたり、無視したりするほど、爆発したり、無意識のうちに行動に出てきたりしてしまいます。すると「また私は我慢ができていない」「コントロールできていない」と、自分へのダメ出しが重なります。

こうして、自分へのダメ出しが多くなると、余計に不安になり、またその不安になっていることに、ダメ出しをする……という悪循環が続いてしまうのです。

いかに自分の子どもに、過剰な自己否定の癖をつけないで育てるか。そのためには、「感情自体をすべて抑えよう、我慢しようとしない。感情はすべて認める。そのうえで、対処を冷静に考える。そこだけ我慢する」という態度を身につけさせてほしいのです。

感情と欲求を認める接し方の一例

具体的には、どう子どもに教えていけばいいでしょうか。事例で説明しましょう。

公園で遊んでいた4歳の少年Cくん。おもちゃを近くにいた小さい友達に取られました。Cくんは思わずその子を叩いて、おもちゃを取り返しました。小さい子がワッと泣き出します。それを見たCくんのお母さんは、

「小さいお友達なんだから、あなたが我慢してその子に貸してあげなさい」

とCくんを叱ります。すると、今度はCくんが泣き出しました。

「そんなことで泣いてはダメでしょ。もうお兄ちゃんなんだから。どうしてお母さんが怒っているか、わかる？」

Cくんは泣きじゃくりながら、「わかる……」と答えます。お母さんは、

「じゃ泣き止みなさい。お友達に、はい、どうぞ、って貸してあげようね」

子どもがおもちゃを渡すと、

「Cくん、よくできたね。お兄ちゃんだね」

と言って、お母さんはCくんを抱きしめてあげました。

このケースでは、親は「私は怒っていません、しっかり理由を伝えて叱っています」と言うでしょう。でも、この一連の流れで、Cくんは「自分の欲求や感情はダメ。抑えるべき。感じないほうがうまくいく」と学習するのです。

Cくんの心の動きはこうでした。

自分のおもちゃを取られた↓「取り返さないといけない」と不安や怒りを感じた↓だから取り返した↓なのに、お母さんにはそれをわかってくれない↓お母さんに責められると、悲しみが湧く（涙が出る）↓それも怒られる↓「わかる？」と聞かれても、何もわからないが「わかった」と言うほうがいい（それはこれまでで学習済みだったから）。

このケースで、お母さんはどうすればよかったのでしょうか。その場ではそんな対応をしたとしても、少し落ち着いてから、子どもと話をしたらいいと思います。

「どうして叩いちゃったの？」

「だって、取られると思ったから……」

「そうか、取られると思ったのね。だから取り返したのね。それは嫌だったね。でも、もしそんなことになっても、お母さんがきちんと〝これはCくんのだから返してね〟と取り返してあげるからね」

と、丁寧にやりとりをして、感情そのものを否定しない態度を示してあげるとよいでしょう。

さらに、子どもや時間に余裕があるときは、

「取られると心配なときは、叩くのではなくて、〝貸してあげるよ、返してね〟と言葉で

伝えるといいよ。いきなり叩かれたら、○○くんだったらどう思うかな?」

などと、相手の立場を考える練習をします。もしCくんが

「でも前にそう言ったときも、返してくれなかったんだ」

と言うならば、その言い分と感情もまた認めてやります。

「そうか。それは嫌だったね。それならそういうときは、お母さんに伝えておけばいいのよ。返してくれないときも、お母さんが○○のこと守ってあげるから」

こういうやり取りのあとでの「わかった」なら、本当に「わかった」といえます。自分の感情への抑えつけが少なくなるからです。感情を否定せず、丁寧に認めてやる対応を通じて、自分も相手も尊重する価値観を育てていきたいものです。

ちなみに、このケースでは、叩いてしまった小さな子の親御さんへの、対応も気になるでしょう。

基本的に、子どもの感情のケアと、事象に対してどうするかは、別ものとして切り離して考えてください。通常は事象への対応を時間的に優先するでしょう。このケースなら、まず相手の親御さんに謝るのです。そして、その次に子どもの感情のケアです。お母さんに謝らせたということで、自分にダメ出しをしているかもしれません。ダメな自分はお母

さんに嫌われるかもと感じているかもしれません。お母さんなりの言葉で、「○○が謝る代わりにお母さんがしっかり謝っておいてあげたからね。○○がもっと大きくなったら、自分で謝れるようになると、お母さんもうれしいな」などと対応すればいいでしょう。

自分がダメという認識ではなく、「まだ小さい自分がうまくやれなかっただけ、大きくなったら自分でやれる、お母さんは、ぼくを見放していない、ぼくを守ってくれている、ぼくに期待もしてくれている」というメッセージが伝わります。

小さい子どもの場合は、自分の感情を言葉にできないことも多いと思います。ただ泣いているだけです。親のほうが敏感になって、子どもの気持ちを察してあげられるようになるといいと思います。

日ごろからいろんなテーマで話し合おう

自己肯定感を高めたり等身大の人間理解を深めるためには、日ごろから、子どもと普通に「おしゃべり」をいっぱいして、親の「好き」と「嫌い」をどんどん話すといいでしょう。

例えばテレビや動画を見ながら、好き、嫌いを言い合う。気楽なおしゃべりの延長で、様々な話題をディスカッションし合う。

「このタレントって、なんかイマイチだよね。あまり面白くないね」

「ふうん。でも、この人、新聞にインタビューが載っていたけど、意外に社会問題の本質をついているし、苦労人で日ごろから地道に勉強しているみたいよ。お父さんは好きだな」

「えー？　意外。でもテレビだとコントはパッとしないね。私は好きではないなあ」

などとおしゃべりすればいいのです。「それって簡単すぎませんか？」とおっしゃった方がいました。はい、そんな「簡単なこと」でいいと思うのです。

これには、大切なのは「正解」ではなくて、「好き」「嫌い」であり、それをお互いに認め合うという、すごく重要な「メッセージ」が含まれています。

生活のこと、友人のこと、家族のこと、政治、宗教、芸能のニュースなど、あらゆるトピックスをネタに、正解や意見ではなくて、好きと嫌いを言い合えればいいのです。ときどき「どうしてそれが好きなの？」と突っ込んでみるのもいいでしょう。案外、面白い話が出てくることもありますよ。

ポイントは、あまり論理的にならないようにすることです。どうしても、親は論理的な思考を鍛えたがるし、親の知識や見識を示したくなります。そうなると「お勉強」的になるので、子どもも嫌がるでしょう。

また中には、子どもが思春期、反抗期真っ只中というご家庭もあると思います。「うちの子は、おしゃべりの相手なんかしてくれない」という親もいるでしょう。

子どもが会話をしたがらないときは深追いはしないこと。子どもは親だけでない、他の大人や周囲から情報は十分得ているもの。親子の会話が今なくても、あまり心配しないでくださいね。

第3章

子育ては親自身の成長のチャンス

無意識に持っている「我慢系のこだわり」

これまで、令和30年に大人になる今の子どもたちのために、必要なメンタルスキルを紹介してきました。そしてそのメンタルスキルは、実は今の親世代にも必要になってくるスキルなのです。

人生100年時代。令和30年にあなたは何歳でしょうか。そしてそれから後も、何年生きるのでしょうか。

自分の中にあるあまりにも当然の価値観や思考手順、コミュニケーション手段は、自分ではなかなか気づくことさえできません。それを変えようと本などを読もうということも考えません。

ところが、子育ては大切だから、真剣になります。こうやって本も読みます。そのことを考えると、無意識に子育てをするのではなく、「戦略子育て」をしっかり意識することは、自分の価値観を将来型にバージョンアップする大チャンスでもあるのです。そしてもちろん、親が未来型になれば、子どもも未来型になりやすくなります。一石二鳥ですね。

さて、それでは従来型の価値観の洗い出しを続けてみましょう。

まずは、再度「我慢」について。ここで講演会などでよく受ける、「厳しさや我慢が子どもを将来苦しめる理屈はわかった。でも、そうは言っても、世の中を生き抜くには、やはりどうしてもある程度のしっかりしたしつけや我慢が必要ではないでしょうか?」

という質問について、回答していきましょう。

まず大きな視点で理解していただきたいことがあります。私がお話ししているのは、こだわりの強い教育、特に我慢系に強いこだわりがある場合、令和時代の大人には、幸せになる障害になっている〝可能性がある〟ということです。

子どもには、しつけも必要、我慢させることを覚えさせることも必要です。我慢はこれからの時代でも、ストレスコントロールの主役であり、我慢を鍛えていかなければならないのは変わりはありません。要は、「程度」の問題なのです。「こだわりすぎる」ことを避けてもらいたいだけなのです。

とはいえ、自分ではこだわりがないと思っている人でも、私から見るとかなりこだわって我慢を強要している方もいらっしゃいます。ですから本書では、我慢系の欠点をかなり強調してきたのです。

また、理屈ではわかっていてもなお、親が「我慢」の価値観を手放せない方も多いと思います。もう、染みついてしまっているレベルです。

そもそも、なぜこんなにも「我慢」が教育やしつけの中心となり、私たちの世代に刷り込まれているのでしょうか。

我慢は、はるか昔の稲作の時代から戦後を通じて、私たち日本人を成功に導いてきた価値観だからです。

つらい田植えや稲刈りを我慢できたからこそ、秋の収穫を得られた。

わがままを我慢できたからこそ、集団にいさせてもらえた。

限られた職でも、下積みの我慢をしたからこそ、技術を習得し、一人前になれた。

戦時中も、「欲しがりません、勝つまでは」のスローガンで頑張り、戦後の物資不足も、我慢することで、親や周囲の人々に迷惑をかけなかった。

受験戦争も、遊びたいのを我慢して、勝ち抜いたからこそ良い就職口を得られ、先輩にいじめられても我慢したからこそ、会社での地位も確立できた。

「24時間働けますか」が合言葉の時代も、とにかくドリンク剤を飲んで頑張る姿が、格好よく、尊敬もされた。

このように、「我慢」という価値観が、これまでの日本を支えてきたことがおわかりいただけると思います。だからこそ、今、親である世代には染み付いています。親の持つ価値観は、さらにその親から刷り込まれているからです。

ただ、これから令和の時代、「我慢強い」は、むしろ危険なのです。

勘違いしないでほしいのは、我慢が少ない時代になるというのではありません。むしろ我慢の総量は大きくなります。力業の我慢が通じたこれまでの世界は、物理的な不足の時代であり、むしろ幸せだったのかもしれません。不足が解消していけば簡単に幸せを感じられました。また、みんなと同じ環境、同じ条件下であれば、苦しさもそれほど拡大しなかったのです。

ところがこれからは、精神的な苦痛が主体の時代に入っていきます。期待と比較、先の読めない不安、自信をくじく挫折体験。昔から、文学者や芸術家がそんな悩みを表現してきましたし、彼らの自殺もよく知られています。精神的な苦痛は死ぬほど深くなるのです。

この精神的な苦痛に対し、我慢だけだと、我慢総量が増えすぎて、簡単に破綻してしまいます。

「はじめに」で、今の子育てには、「情熱子育て」と「普通子育て」があると紹介しました。どちらも子どもの未来の幸せには強い障害になってしまう可能性があります。「情熱子育て」は、何らかの価値観（こだわり）が強い子どもを育ててしまいますし、「普通子育て」は、親に刷り込まれている「我慢系」の価値観を受け継がせてしまうからです。

さらに、多くの親にとって子育てはとても大切。間違えたくない、正しいことをしたい、という思いが強くなると、自然に「過剰な」価値観の押し付けになってしまうのです。

A子さんは「普通子育て」の典型例です。ごく普通の親でしたが、特に母親から受け取った価値観は、「怠けないでやりなさい」「いつも一生懸命やりなさい」「努力しなくては報われない」など。「あと少し」の呪文は、まさに我慢系でした。

だからA子さんは、本当はとても疲れているのにランニングもバイトも勉強も休めないし、弁護士の夢をあきらめることもできない。「我慢できない自分はダメ」と、ムチを自分で打ち続けてしまったのです。

今の親の忙しさの問題

ある会合で、一人のお母さんが、

「9歳の息子がいるのですが、早くしなさい、落ち着きなさい、忘れ物をしてはダメ、遅刻をしてはダメ……と、日々、こうしなさい、これはダメの連続。なんだか毎日、子どもに呪いをかけているような気がしてくるんです」

とユーモラスに話してくれました。「呪いをかけている」という表現に、その場にいたほかの方たちもクスクスと笑いつつ共感していましたので、忙しいお母さんたちの実感なのでしょう。

現代の親たちはとても忙しいです。共働き家庭が増えましたし、核家族化が進みワンオペ育児の家庭も多い。社会全体が24時間体制で情報も過剰です。そうとは気づかずに慢性的に疲れがたまっている親が多いのです。

これが子育てにどう影響するかというと、忙しい親は将来がどうのよりも、子どもに「今、いい子であること」「今、親の都合を聞くこと」を求めるようになります。つまり、本書で一番懸念している「我慢」を、子どもに強いることになるのです。

頭ではどんなに「我慢はダメ」とか「自由にさせてあげたい」「自己肯定感を育ててあげたい」とわかっていても、疲労が強いゆえに今、それができないのです。

こうなると、今度は頭では理解している親ほど、「それができない自分」を責めてしまい、するとまた疲労が強まっていく。疲労が強いと感情も強く発動します。さらに子育ての不安が深まっていく……。そんな悪循環が始まってしまい、いよいよ戦略子育てから遠ざかってしまいます。

悪循環を断ち切るためには、何よりも忙しい親自身が疲労ケアを大切にすることです。

戦略子育てをするために、緩めておきたい価値観（勘違い）

「戦略子育て」に取り組もうとするとき、それにブレーキをかけてしまう、陥りがちないくつかの思考パターンがあります。次の項目で、親の「勘違い」についてチェックしてみてください。

「子育ては誰でも自然に問題なくできる」という勘違い（普通子育て）

子育ては、「誰もが」「自然に」「問題なく」できるものと思っている方は多いと思います。

でもそれは、今の親の世代が、「順調に育った」世代だからといえます。以前は、子育ては親族や隣近所を巻き込みながら、みんなで助け合いながら行っていました。今は、いわゆるワンオペ、お母さんが実質的に一人で育てているケースが非常に増えています。

でも、子育ては誰でも自然にできるものという思い込みが強いと、少し子育てに躓《つまず》いただけで、親としての自信を失い、自分を責めてしまいがちです。

おそらく、昔に比べて今の子育てはとても「難しい」課題になってしまっています。決して一人で乗り切ろうとせず、適切に助けを求めましょう。

また、子育ては自然体で臨めばいいという考えも、少し修正が必要です。現代社会では、例えば自然に食事をしていれば、栄養をとりすぎて、生活習慣病になりがちです。健康は自然に達成されるのではなく、ある程度の工夫が必要です。

同じように、子どもが大人へと成長していくには、「適正な刺激」が必要なのですが、今は、少子化社会、超情報社会。自然なままの子育てでは、「適正な刺激」を与えられない可能性があります。ここでの工夫は、子どもに与える刺激を、親が上手にコントロールしてあげることでしょう。

刺激の方向性については、第2章で詳しくお話ししました。

刺激は、環境や機会を準備してあげることのほかに、親からの直接のメッセージによって与えられます。つまり、そこには親のコミュニケーション能力が必要になるのです。

また、等身大の人間理解などの価値観は、親自身も磨き続けていかなければならない永遠のテーマでもあります。

よく、「子どもが3歳なら、親も3歳」といわれます。子育ては親育てでもあるのです。

「良い親でなければならない」という勘違い（情熱子育て）

「良い親」というのは大変漠然とした概念です。

正しさに強い価値を置く人は、理想の親になりたいという思いと、間違えた子育てはしたくないという思いが強くなります。そして子育て全般に対する自分への期待のハードルが高くなります。メディアで流れてくる子育て情報や他のママ友の子育てを「正しいもの探し」で必死に追いかけますが、同時に自分の子育てと比較し、自己嫌悪に陥りがちです。

また、結果も求められるので、子どもに対する要求水準も高くなってしまいます。成長の基準データや、各種テスト、ほかのこどもの日々の生活、習い事の状況などと、我が子の状態を比較し、それより上か、せめて、他の子並みを求めてしまいます。

子どもの成長はそれぞれですし、性格も能力もそれぞれ。頭では理解していても、本能的に「負けたくない」という思いと、「何らかの障害があるのでは（もしそうなら自分の責任？）」という不安が生じるので、どうしても「厳しすぎるしつけ」に流れがちです。

「良い親」関連の中でも陥りやすいいくつかの思い込みを紹介します。

・「可能性の芽を摘んではいけない」の思い込み

親は、子どもにいろんな可能性を期待します。もし才能があるなら、それを開花させてあげたい。その環境を与えてやるのが親の役目だと考えている方も多いと思います。

確かに、有名な音楽家、スポーツ選手には、小さいころからその種目を訓練して、一流になった人が多くいます。ですから、子どもがやりたいと感じたことを、親ができる範囲でやらせてあげるのは、とてもいいことだと思います。「『始める』と『終わる』を軽やかにさせる」の項でもお話ししました。

ただこれも「程度」の問題で、親がこの価値観を重視しすぎると、子どもに対して、練習を厳しく要求したり、子どもの感性や感情や欲求を無視し、我慢を強要させる体験になってしまいます。

私は、親とは、子どもが成長するときにそれを温かく見守る係だと思っています。冬の家の中にあるストーブのようなものです。ストーブがないと、寒いし、外にも出ていこうと思わない。ストーブがあると、温まった後は、少し外に出てみようかなと思います。

ところがもし、そのストーブに足が生えていて、ストーブが「もっと温めてあげよう」とあなたに近寄ってきたらどうでしょう。火傷してしまいますよね。ストーブとの距離は、温まろうとする人が決めるのがいいのです。親の子を思う気持ちも、強すぎると火傷をしてしまいます。

親子の距離感は、子どもにとらせてあげてください。

・**「これぐらいはできて当然」の思い込み（子どもへの高い要求）**

子どもの成長や反応に対しての要求水準が高すぎると、結果として厳しいしつけになり、自尊心の低い子どもを育ててしまいます。特に、「良い親」が脅かされ、自分に余裕のないときや、親自身が疲れているときなどは、子どもへの要求が大きくなってしまいがちです。

成長データやほかの子どもとの比較をしないということも大切ですが、一度「子どもの目線」で考えてみるのもおすすめです。

大人になった私たちは、日々の生活を送るうちに、自分が子どもであったときのことを忘れ、あたかも自分一人で大きくなったような気になってしまいます。もう一度、自分が子どものころどんなふうに世の中や大人を見ていたか、その感覚を思い出してみませんか。

大人の時間は「将来」が軸です。子どもに対しても、「明日の予定は」「小学校に入ったら」「大学に入ったら」という話が多くなります。一方、子どもの時間は「今」がすべて。「今、楽しい」「今、安心したい」。年齢が小さいほどそれは顕著ですよね。赤ちゃんはお腹がすいたとき、今すぐ満たされたいから、全力で大泣きします。あとでお腹がすいたら困るからあらかじめ泣くという赤ちゃんはいないのです。

また、子どもにとって、大人はいつも忙しそうですし、すぐ怒ります。そして「わかった？」と言われて、わからなくても、そう言えません。

子どものすべてを知ろうとするのも大人。言葉で言いなさいと言われるけど、何をどう話せばいいか、わからなくて困惑する。信頼もあるけれど、同時に理不尽さや不信感も、子どもは言葉にできないだけで、感じていましたよね。

子どもには子どもの世界があります。違う世界を生きているのに、「大人になった私」はそのことをすっかり忘れて、自分こそが正解とばかりに、子どもに自分の世界を押し付けがちなのです。

そうなると、どうしても子どもにいい子、早く成長する子、を期待してしまい、結果として「厳しすぎるしつけ」になりがちなのです。それは自信をなくさせますし、子どもの自然な感性の成長も妨げてしまうのです。

・「つらい思いをさせてはいけない」の思い込み

親にとって子どもは自分の分身。つらい思いなどできればさせたくはありません。

ただ、その子が大人になる令和30年は、つらい挫折体験やかなり厳しい精神的ストレスが予想される時代です。親がしっかりサポートできる子ども時代に、小さなつらい思いをたくさん経験させ、対処法（受け身）を練習させなければならないのです。

子育ては課題の連続です。発達、友達、学校、勉強、恋愛、スポーツ、仲間はずれ、受験、将来や進路など、成長とともにそれぞれの段階に応じた課題、また問題や悩みやトラブルもやってきます。それを、親が先読みして挫折体験を避けさせては、いけません。それぞれが受け身練習のチャンスなのです。

子どもが自分の欲求や感性、感情に従い行動し、そして時には失敗する。そうなったとき、いたずらに自己卑下せず、ＯＯＤＡループを回して、立ち直っていく、その過程を親がサポートします。

つらい出来事や苦しみに遭遇したときは、親子にとっては成長のチャンスです。こんなときにこそ、親がしっかり子どもを見守っているという、言葉だけではない「メッセージ」を渡し、生きる知恵と勇気を授けることができるからです。

子育てのいいところは、どんな危機でも、結論がどう転んでも、あとからそれを「成長」である、と認められるところ。他の誰でもない、親のあなたが子どもの成長を認めてあげられるのです。

・「親は子どもを支配しなければならない」の思い込み

親は子どものことを、自分のことのように、もしくはそれ以上に気にかけています。サポートする気持ち自体は自然なことなのですが、そこに強すぎる責任感と不安が乗ると、どうしても子どもに対する「管理」が強くなってしまいがちです。自分の所有物やまたは分身のように、自分の言う通りに行動させたくなってしまうのです。

この思考が強いと、自分のイメージ通りに子どもができなかったり子どもが自分の言うことを聞かなかったりすると、親はイライラしてしまいます。

子どもは自然な成長の中で親に反抗することもあります。それを成長とは受け止めず、反抗のほうに反応してしまうのです。特に親自身に疲労がたまっているときは、この傾向が強くなります。

怒りという感情は原始的で、上下関係にとても敏感になります。子どもの自然な疑問や自然な感情表現に対し、親が「上」、子どもが「下」という上下関係が脅かされたと反応してしまいます。

これが、親が子どもに「言い聞かせる」ときに、多く見られる心理状況です。言い聞かせがうまくできないときは、つい声が荒くなったり、暴力が出てしまうのですが、これまた原始人的怒りの反応です。

これは実は、職場で起こる「パワハラ」の構造と同じ。親子関係はいつのまにかパワハラ関係になってしまう怖さがあるのです。

愛する子どもを嫌いになってしまう現象

これもまた、「良い親でなければならない」系の思い込みによるものです。

自分の子をその胸に抱きとったとき、皆さんはどんな思いを感じたか覚えていますか。愛しさと幸せを感じながら、「いいお母さんになるんだ」「尊敬される親父になるぞ」など、いい子を育てたい、明るくていい親になりたい、できた親でありたい……多かれ少なかれ、こうした「期待」はひそかに持っているものです。

でも、いざ子育てが始まると、日々ままならないことは続きます。思ってもみなかったトラブルもあるし、思い通りにはいかないことも続きます。無我夢中で必死に子育てをしていたら、期待していた親の姿とはだいぶ離れているのを感じる親も多いのではないでしょうか。

「良い親でなければならない」系のこだわりが強すぎると、「お母さんはやっていたのに。私はできていない」など、自分の親やママ友など理想の姿と「比較」して、できていない自分を感じやすいものです。

さらに、子どもの成長が遅い、成績が悪い、素行が悪いなどが重なると、世の中から「親は何をしているの」と指摘されそうで、親はますます萎縮してしまう。そのまま子どもに翻弄され、疲れてくると、いよいよ子育てに自信を持てなくなってしまうのです。

適切な自信が持てない親にとっては、子育てイコール、自分をダメと感じる要素になっていきます。

子どもを見るたびに、ダメな自分を感じる。それはつらいので、子どもを避ける、つまり嫌いになってしまうのです。そしてそんな自分にまた強い自己嫌悪。

育児がうまくいかないと、一時的に子どもが可愛くなくなるのは自然の流れなのです。あなたに親の愛情がないわけではありません。ただ、その状態を長引かせるのはよくありません。

改善するには、まずは自分の疲労を取ることです。可愛くないは、距離を置きなさいという体の反応。一時でも育児から離れることに罪悪感を覚えるかもしれませんが、以前は子育ては集団で行っていたもの。少しぐらいの時間はほかの人の力を借りて、自分のケアに充ててもいいのです。保育園で寂しい思いをしているのに、と思うかもしれませんが、可愛くないと感じる状態を長引かせることのリスクのほうが、親子双方にとって大きいと考えてください。ここは思い切って、少し一人の時間を持ちましょう。睡眠をとったり、好きな体のケアをしたり。すると余裕が出てくるので、本来の「子どもが愛しい」気持ちが戻ってきます。

もう一つは、本書で紹介してきた「勘違い」を緩めることです。子育てハードルを自分で高めると、消耗が早くなります。勘違いを緩めるには、いろんなママ友、子育ての先輩達、家族などと話をすることが重要です。自分だけで、ネット情報を検索していると、どうしても自分を責め、危機感をあおられる情報だけに飲み込まれてしまいます。

不安の情報に振り回されてしまう

「ワクチンは危険だ」「幼いころから英語をやらないと手遅れになってしまう」など、「○○すると（しないと）自分の子どもはダメになってしまう」という思い込み。疲れているお父さん、お母さんほど、様々な情報に踊らされて偏った思考に陥ってしまうところがあります。

疲労は感情と深い関係にあり、疲れていると感情が余計に湧き立ちやすいことはすでにお話ししました。

感情は、情報の受け取り方にバイアスをかけます。例えば、被害妄想や怒りが強すぎる人は、他人が立ち止まっただけで「攻撃されるのか」と警戒し、笑っただけで「自分をバカにしているのか」と思ってしまう。もともと「感情」とはエネルギーが不足しているときに、身を守るためのアラームなので、それが過剰作動してしまうのです。

子育ては重大関心事なので、親の感情も湧き立ちやすい。疲れている親ほど、将来に対するそこはかとない「不安」の感情が強くなり、安全よりも危険寄りにバイアスがかかってくるのです。

現代の親は多くの情報をネットで集めますが、それが危険寄りの情報を集めてしまう要因になっていることは、以前も触れました。新聞やテレビなど従来のメディアならば、比較的バランスよく賛成意見も反対意見も紹介されます。でも、インターネットでは自分の求める情報ばかり拾ってしまい、反対や第三者の意見は目に入ってこない。すると、バイアスがかかった危険情報ばかりが入ってきて、また不安が強くなってしまうのです。

現実的な対処としては、子育て情報を集めるときは、意識的に反対意見もチェックすること。また、ネットはあくまでも架空の世界と割り切り、目の前の子どもの様子をよく観察することです。本当にその情報は絶対なのか、自分の過去や周囲の人などの「実例」を集めるとよいでしょう。

ネットの世界は現実よりも強く働きます。ネットには同じ不安の人が集まってあれこれ語り、さらに不安が太っていく。未然に防ぐためにも、意識して周囲の人、様々な立場の人と交流するようにしましょう。

このようにして知見や勘どころを育てておくことで、いわゆる教育専門家の一意見に惑わされることも少なくなるでしょう。親としての自分も成長できるのです。

親が悩み、もがく姿はギフトです

戦時中など、物理的な危険度が高い時代は、親は子どもにとっての「ヒーロー」でなければなりませんでした。親が不安がると、子どもも不安がってしまう。子どもを守るためには、親は弱っている姿は見せられなかったのです。

でも、新時代の親は「等身大」がいいのです。どう悩みながら生きていくか、子どもに自分の弱さ、欲求、感情をもさらけ出していきましょう。

荒れ狂う自分の欲求や感情を必死になだめながら、それでもしぶとく生きていく。そんな親の姿が、子どもにとっては、生きていく指針となるのです。

今の子どもたちは、大人と同様、知りたいことはなんでも検索しますね。でも人生に問題があるときは、どうしたらいいのか検索しても、ＡＩに聞いても、その人にとっての最良の答えはヒットしません。これからの時代はますます精神面でのトラブルや苦痛が大きくなっていきます。人間関係などは複雑すぎて、それが自分にとっての答えになるかどうかは、誰にもわかりません。

そんな中、子どもにとっては親の姿がとても参考になります。

親は自分と同じＤＮＡを持ち、同じ文化圏の地域で生きる先輩。その自分に近い存在である先輩が、悩んだときにどう感じ、どのように考え、どのように対処したのか。それらは、その子どもにとってとても参考になるし、指針になっていくのです。親があぁだ、こうだと悩みもがく、でもしぶとく生きていく姿。正解のない新時代に生きる子どもに、それこそが身近な大人が伝えていける、一番の贈り物になるでしょう。

子どもが悩んだときにどう支えるか。親も一緒に悩むのが一番です。具体的なサポート方法は第４章でお伝えしますが、その前に、親御さん自身の心の整理を進めるための具体的な方法をご紹介しておこうと思います。

戦略子育てはバランス子育て。注意事項は頭の片隅に置くだけでいい

本書では、「戦略子育て」を提唱してきました。このように未来を読んだ子育ては、今不安を抱えている方ほど、足がすくむような思いになるかもしれません。

でも、どうか決して心配しないでください。本書の提案のようにできなくても全く問題ありません。ほんの少しだけ、内容が頭の片隅に残っているだけでも、かなりの効果があると思います。一番重要なことは、「親がこだわりすぎない態度でいる」ことだけです。

ここで現実的な問題への対処方法として、「心の会議」「7～3バランス」という2つのスキルを紹介します。このスキルで、感情を否定せず、現実の問題に対しバランスの良い行動を選択していけます。

これらのスキルは「すぐに完全にできる」というものではなく、使っているうちにどんどん上手に、どんどん自然に使いこなせていくものです。よく第1子より第2子、第3子のほうが子育ては上手く回りやすいといいますが、それと一緒です。

子育ては親育てです。まずは自分の心でこれらのスキルを実践してみて「戦略子育て」

の一歩としていただきたいと思います。

正しい悩み方のスキル1「心の会議」

感情のケアをうまく進めるための私が開発した方法です。あなたが行う場合で説明します。

まず、あなたの心の中に、会議テーブルを一つ用意してください。今から心の中で会議（公聴会）を開きます。会議のテーマは、あなたが今、悩んでいること、苦しんでいることです。そのテーマに対して、あなたはいろんな気持ちを持っているはずです。そのすべての気持ちの主張を聞くという会議です。結論を出すのではなく、意見を聞くだけなので、公聴会なのです。

あなたは今回のことで、きっと、たくさんの「気持ち」を抱いているはずです。びっくりした気持ち、悲しい気持ち、悔しい気持ち、怒っている気持ち……。その一つ一つの気持ちが、感情の小人であるとイメージしてみてください。言いたいことを抱えた、たくさんの小人がいっぱいいるのです。

実は、その小人の一人一人が、あなたの感性であり、欲求であり、感情なのです。すべての小人は、宿主であるあなた自身を必死で守ろうとしてくれています。ただ、感情は危険いっぱいの原始時代仕様なので、どうしても過剰反応しがち。騒ぎがちな小人がいるときは、宿主は、「少し黙って」とその小人の口をふさぎます。ふさがれた小人は、すねてもう発言しなくなるか、逆に宿主が気を抜いたときに急に大声を出して、宿主を困らせるかになります。私たちが、感情や欲求に乗っ取られてしまうときは、小人が大声で暴れ出しているときだと思ってください。

さて、今回の問題に対しても、いろんな感情の小人がいろんな意見を言ったり、すねたり、暴発寸前だったりしています。そうならないように、全員の意見を聞こうとしてください。

すべての感情の小人の意見を聞くことから始めます。心の中の会議テーブルに集まってもらい、一人ずつ気持ちを話してもらいます。

例えば、教室で友達とケンカして、学校に行きたくなくなってしまった子の親である場合。「ケンカぐらいで行きたくないなんて甘えている」「このまま不登校になっちゃったらどうしよう」「社会に適応できないかも」「先生はどうして助けてくれなかったの」「どうして夫は無関心なの」「私にばかり子育てを押し付けないでよ」「もっとおおらかな親なら、どっしり構えられるのに」「私が直接、相手の親と話をしようかしら……」「でも、怖いし……」「もうどうしてこんな時に問題起こしてくれるの」「私は冷たい親？」など……。

一人一人の小人の意見を、丁寧に聞いていきます。不安がりの小人の、「このままじゃ社会の脱落者になってしまう」という発言に対して、いったん「そうだよね」と宿主が認めます。そのうえで、ほかの小人の「でも、○○君だって、こないだまで不登校だったのに、今はバスケットの大会練習で生き生きしているじゃない。大丈夫だよ」という意見も聞きます。ここでも、いったん「そうだよね」と認めます。このように、すべての意見を尊重しながら聞きます。

これまで、自分の気持ちを黙殺していた部分があると思います。そんなこと思ったって、現実にはこうするしかないのだから……。これが感情を無視する態度です。

無視された小人、つまり口をふさがれた小人は、「宿主はこの危険性を本当はわかっていない、絶対伝えなきゃ」と、一層、声を大きく張り上げようとします。それをあなたは、力業で抑える。その繰り返しで、結局あなたも消耗し、小人はくすぶり続けるので、一つの体を動かす行動を決めることができなくなる、これが葛藤状態です。

一人一人の意見を丁寧に聞くことで、感情の小人は、自分が認識している危険性が宿主にしっかり伝わったと感じます。するともう大きな声を出す必要がなくなり、感情が落ち着いてくるのです。そうなると、いろんな感情と現実問題との整理がしやすくなり、「一つの行動」を選択しやすくなります。

この会議で一番大事なのは、できるだけすべての小人の意見を丁寧に聞こうとすることです。隠れていたり、すねている小人は、なかなか話してくれないかもしれません。「もうほかに何か言いたい人はいないかな」とゆっくり、自分の心に聞いてみます。あなたが焦っていると、臆病な小人はなかなか出てきません。

発言できそうな小人が、すべて発言し終わったら、心の会議は終わりです。何かを決める会議ではなくて、心を整理するための会議です。

〈お父さん、お母さんへ〉

もしお子さんが会議をイメージしにくければ、「学級会」「ホームルーム」という言い方でもいいです。

対策を考えるのも重要ですが、心の会議ではできるだけ、まず感性、欲求、感情を扱います。お父さん、お母さんがサポートしながら、お子さんの心の会議を進めてください。例えば、「悔しかったんじゃない？　悔しいって言っている小人はいない？」などと、あたりをつけながら、小人探しをしてもいいでしょう。

小学高学年以上になると、親の前では、寂しかった、怖かったと、認めたくない場合もあるでしょう。そのときはやり方だけ教えて、小人の正体や発言内容は、親には話さなくてもいいとすると、取り組みやすいでしょう。

すべての小人の意見を聞くことにあまりこだわらないようにしてください。小人が出てこないとき、発言しないときは、それなりの理由があるのです。今は、出てこられない、発言できない状態というだけのことです。親が焦ると、子どもは親の期待通りにできないことで、自己嫌悪になってしまいます。

正しい悩み方のスキル2「7～3バランス」

「心の会議」で、自分のなかのたくさんの「気持ち」は認められた後は、いよいよこの問題に対し、具体的にどうするかという「行動」を決めるプロセスに進みます。心の中にたくさんの気持ちがあっても、あなたの体は一つ。取れる行動は一つです。その時に役立つのが「7～3バランス」という考え方です。

まず、あなたがどうするか悩むことがあったら、両極端な結論を2つ、考えます。

例えば、ある中学生が「部活の上級生が嫌だ。今の学校に行きたくない」と悩んでいる場合。

A案「すぐに今の学校をやめる」

B案「今の学校に残る。上級生の行動を我慢して、部活を頑張る」

この2つが、両極端な行動プランだとします。どちらもデメリットが大きくて選択できません。そこでA案の行動を「10」、B案の行動を「ゼロ」と考えた場合に、その間「7

〜3」の範囲に収まる行動プランは何か、考えてみるのです。

そうすると、「今すぐではないけれど、1年後に学校をやめる」とか、「部活だけをやめる」、「今年度だけ部活をお休みする。嫌な上級生が卒業したら復帰する」などのプランが考えられます。このとき、論理的、合理的な思考だけで考えず、感情の小人（感性、欲求、感情）の言い分も取り入れるようにします。

例えば「学校をやめたら、内申点が下がる。希望の高校に行けなくなる」という論理に対し、「わかっているけど、もう学校自体が嫌（感性）、先輩に会うのが怖いし（感情）、今は疲れちゃって勉強のことも、将来のことも考えたくない（欲求）」という気持ちも納得できる行動を考えるのです。

こうすると、行動へのハードルはぐっと下がります。そして、自分に今できる行動を選んでいくのです。

例えば、このケースの場合、「とにかく1週間学校を休んでみよう。そして少し考えられるようになってから、考えよう」という行動を選びました。問題解決の視点からは、何も進展していません。でも、この中学生は、「自分で考えて、行動を選び、実際に行動する」ことができたのです。

自分で行動を決めると、人はあまり後悔もしません。これがもし、先生に指示された「1週間休んで、その間に決めてこい」なら、単にプレッシャーとしてしか感じないでしょう。

もちろん、いざ一つの行動を起こしてみたら、新しい悩みが生まれることもあります。この中学生の場合、1週間休んでみたら、余計に先輩が怖く、学校が嫌に感じたのです。でも、行動を起こしたからこそ、状況（自分の感情や感性）が動いたのです。それをよく観察します。OODAループですね。すると自分のトレンドがはっきり自覚できました。やっぱり、この学校は無理、と実感できたのです。そこで、そこでまた、「心の会議」を行い、気持ちを整理します。そして、「7〜3バランス」で、次の「行動」を考えればいいのです。

〈お父さん、お母さんへ〉

人は、感情的になったりエネルギーが落ちてくると、つらい出来事に対して「我慢する」か「避ける」かなど、白か黒かの極端な行動をとりがちになります。

子どもが極端な意見を言い始めたら「心の会議」を開き、落ち着かせます。そして次に問題に適応できるような現実的な行動案を、「7～3バランス」で一緒に考えてあげてください。

結果的にお子さんが選んだ行動が、「今は休む」―とりあえず何もしないでおく」ということもありえます。親はできるだけ問題を早く解決して、楽にさせたいと思うかもしれませんが、それをさせない感情の小人がいるのです。その小人の暗黙の発言をしっかり聞くことを、尊重してあげてください。

また、一日行動を決めたからと、その実行にこだわらないでください。ビジネスであれば、論理だけで進むし組織的に行うので、「決めたことは実行」という態度が大人には染みついています。ところが個人の行動は、組織とは違います。気持ちが変われば、7～3バランスで決めた行動も、変えてもいいのです。それが普通なのです。

第4章

子どもの悩みの支え方——具体的スキル

子どもの悩みで親ができること

これまでの子育てでは、何か問題があると、親の責任ということで親自身が問題対処をしてきました。親の知識や経験、人脈などが問題解決に役立ったからです。

これからの時代、問題解決に必要な知識や経験、支援先などは、すべてネットで得ることができます。親の限られた知識より、質も量もずっと充実しています。さらに方法論自体を相談する場所も、ネットの中で数多く見つけることができます。

では、子どもが悩んだとき、親は、いらなくなるのでしょうか。私は、全く逆だと思います。親の役割はとても大きくなります。

人がトラブルに遭ったとき、2つの課題に対処しなければなりません。一つはこれまで触れてきた「問題解決」。もう一つは、気持ちの整理、「感情のケア」です。

令和は、精神的ストレスの時代。いろんな挫折体験をするとき、問題そのものへの対処はネットで見つけられますが、感情のケアは人それぞれなので、正解をネットで見つけることはできません。

感情をどう落ち着かせていくかは、個人差（感性、欲求、感情）があるので、自分なりのやり方を、子どものころから模索していかなければなりません。その模索に上手に付き合っていけるのが「親」だと思うのです。

私のようなカウンセラーの力を借りる手もあります。ただ、私も一般的な方法はたくさん知っていても、その人の個性に合うかどうかはわかりません。親は、子どもと同じＤＮＡ、環境、体験を共有している存在です。親の感情のケアの手法は、子どもの大きな参考になるはずです。

また、気持ちのケアをしっかりと親にサポートしてもらうことは、自分には親という強い味方がいるという、自信を深める体験にもなります。

ここでは、感情のケアを意識した「悩み相談の支援法」をご紹介していきますが、あくまで一般論。どうかご自分の親子の特性を考えながら、取捨選択しつつ、ＯＯＤＡループで試してみてください。

その前に、まず「悩み相談にのるときの親の勘違い」を２つご紹介しておきましょう。

悩んでいる子どもに接するときに陥りやすい勘違い

「問題は迅速に解決しなければ」の勘違い

子どもがトラブルに巻き込まれて悩んでいるとき、親は、できるだけ早くその問題を解決したくなります。

まず何より、子どもが苦しむ姿を見るのはつらいし、親としてもなるべく早く安心したいと思ってしまうからですが、〝有能な社会人〟となった大人は、課題をスピーディーにはっきり解決をしたくもなるのです。また、そのことで子どもに尊敬されたいという思いもあります。

でも、子育てはビジネスとは違います。子育てのトラブルで一番優先するべきなのは、問題解決よりも子どもの感情面へのケア。これまでお話しした通り、感情をどう取り扱うかが、何よりも大切です。

また、子どもの悩みの解決には、子どもの心に合ったスピードがあり、状況の変化があります。白黒ではない、グレーの解決方法や時には「解決しない」ことのほうがいいことだってあります。親自身が落ち着いて、じっくりと子どものペースでトラブルに向き合えるように支えましょう。

「問題解決から逃げるようにさせてはいけない」の勘違い

親が問題を解決しようとしすぎると、問題構造ばかりを子どもに尋問し、気持ちなどへの配慮がなくなります。

そのうちに子どもが、「もういい……」とか、「あきらめた」「無理」とか、他のことをやって気を紛らわせるような態度をとると、ハッパをかけるつもりで「お前は、問題から逃げているだけだ」などと、指摘してしまいます。気持ちは無視させ、問題に直面させる。そして具体的行動を強要するような支援になりがちです。

それで、確かに問題自体は表面上終結するかもしれません。ところが、子どもの心の中では、自分の感情への否定、逃げてしまった自己嫌悪などが、蓄積されやすいのです。

トラブルに対応しながらも、感情のケアのために気分転換したり疲労のケアのために睡眠を取ることなどをむしろ親のほうが勧めてほしいのです。

子どもがピンチに遭遇したら――基本の姿勢

友達とケンカしてしまった、進路問題でイライラしている、学校の先生とうまくいっていない、引きこもり、いじめ……。子どもが苦しんでいるとき、多くの親もまた、あわてたり、落ち込んだりしてしまうものです。いざ親が子どもの悩みを支えてやるとき、基本姿勢として次の3点を覚えておいてください。

- **最初に子どもの話を「聞く」**
- **「行動」は子どもが決める。親はその手助けをする**
- **一貫して伝えるべきメッセージは「親はあなたの味方だよ」**

この3つの基本姿勢は、小さな子どもの場合でも、思春期にある子どもでも、また、成人した子どもでも変わりません。ちなみに、3つ目の「メッセージ」とは、言葉そのものもありますが、親の態度や振る舞い、雰囲気などもひっくるめて、伝える価値観のことです。それでは、具体的なスキルをご紹介しましょう。

〈話の聞き方〉何をおいても子どもの話を聞く

基本姿勢の一番は「最初に子どもの話を聞く」です。お子さんが悩みやトラブルに遭遇したとき、何をおいても親がとるべき対応は話を聞いてあげることです。この時、どう聞くかが重要です。聞き方のポイントは次の通りです。

・子どもの話を「全部」聞く

まず、親は聞き役に徹することを意識してください。

そして、子どもの話の全部を聞くといっても、それは親の考える全部ではなくて、子どもが子どもなりに話したいこと「全部」を聞くのだと心得てください。

「つまり、こういうことだろう」「問題の本質から話しなさい」「さっきと話が違う」など と、話を聞いている間に大人はどうしても口を挟みたくなります。正確に内容を把握しようとするあまり質問攻めにしたり、話の矛盾点を指摘したりしてしまうのです。

また状況がわかったら、今度は解決を急ぎたくなり、つい指導や指示をしてしまいがち。でも、こうした親の「一言」は、ぐっと引っ込めておきます。

大切なのは、客観的な事実を把握するために話を聞くのではないということ。

子どもには、悲しい気持ち、怒りの気持ち、後悔の気持ち、寂しい気持ちなど、たくさんの思いがあります。本当は、一番頼りにしている「親」に全部伝えたい、全部知っておいてほしい、わかってほしいのです。それを「全部」聞くまでは、親が何かのイニシアティブをとらないようにするのです。139ページで紹介した「心の会議」を使ってもいいでしょう。

・子どもが内容を思い出せるように聞く

子どもの話は、多くの場合、親が知っている情報とは違います。子どもには子どもの言い分があるし、実際に子ども自身が忘れていることも多いからです。子ども自身が自分で思い出しながら話を進められるように、ゆっくり聞いてあげましょう。

親が焦って聞くと、子どもはすぐに心を閉じて、「もういい」とか「話さない」と言ったり、泣き出したりしてしまいます。矛盾する内容や、不明な部分があってもそのまま認めて、「○○かもしれないし、△△かもしれない。よく覚えてないんだな」と理解するか「○○はよくわからないのね」などと返してあげてください。

まず親自身が、しっかり時間をとり、余裕をもって「ゆったり、ゆっくり聞こう」と心構えをするといいでしょう。

・「聞いていること」を積極的に態度で伝える

子どもの心の中には、様々な気持ちが同時に存在していますが、それらを自分で認めること、発言することには、勇気がいります。そんなことを考えてはダメ、と怒られるのではないか、そんなことを思う子はお母さんの子どもではありません、と拒絶されるのではないか……。そんな不安を持っているのです。ですから子どもは大人がどんな態度で聞いているのかにとても敏感になっています。

もし、無表情で怒ったような（実際は親自身はただ真剣なだけでも）顔をしていたら、もう話せなくなってしまいます。「そうなのか」「うん、うん」「なるほど」などの相づち、合いの手を、積極的に入れましょう。

相づちをうつとき、首の角度は一度天井を見てからうなずくくらい、大きくします。大げさではないかと驚く人も多いのですが、こうしたうなずきは「聞いているよ」「話していいよ」の重要なサイン。このくらいがちょうどよいのです。一度やってみてください。

また、子どもが悲しい気持ちを話すときは、親も「悲しい表情」、苦しい気持ちを話すときは「苦しい表情」で聞いてあげるといいでしょう。

「○○ちゃんがこう言ったので、私が××と言い返して、それで○○ちゃんが△△って、急に怒り出して……」などと、とりとめもなく子どもが話すこともあるでしょう。そんなときは、「ふむふむ」と相づちを打ちつつ、「○○ちゃんは、あなたに××と言われて怒り出したんだね」などと、子どもが話したことを親が少し整理を手伝ってあげながら要約して返すのも、「ちゃんと聞いてもらっている」「上手に話さなくてもわかってくれる」という安心感につながります。

・本人なりの「苦しさ」や「努力」を聞く

話しているときに、子どもなりの苦しさ、また子どもなりの「努力」に話がおよぶことがあります。親からすると「え？　そんな些細なことで怒ったの？」「なんでもう少し我慢できなかったの？」と感じることもあるでしょう。

でも、決して、遮ったり、否定したりしてはいけません。いったん受け止めます。そのうえで、より理解しようと努めます。子どもの行動には、本人なりの理由（感性、欲求、感情）があるのです。親は、ひたすら想像力をたくましくして、子どもの「苦しいポイント」を理解しようという態度で、聞きます。わかったふりを多用してはいけません。親がある程度納得できるまで、聞けばいいのです。そして、ある程度納得したうえで、「それは苦しかったね」「よく頑張っているね」と、言ってあげましょう。それが「味方」の聞き方です。

以上のような態度で子どもの話を聞くのが第一歩です。

ネガティブな気持ちも含めて、すべて気持ちをアウトプットして、それでも否定されないという体験は、「どんなあなたでも受け止める、守ってあげる」という親から子どもへの大切なメッセージになります。これだけで、子ども自身がエネルギーを取り戻し、そのあとは自力で戦っていけるまで回復することもよくあるのです。

〈悪い例〉

「今日、学校で○○くんとケンカしたの？　先生から連絡があったよ」

「うん……」

「なんでケンカしたの？」

「○○くんがぼくのことを悪く言ったから……」

「でも、朝から○○くんとは、もともともめていたんでしょう。なんのことでもめたの？」

「○○くんがボールを取ったから」

「なんで○○くんはボールを取ったの？　なんでそれでケンカになるの？　お母さんにわかるように教えて」

〈良い例〉

「先生から〝お友達とケンカした〟という連絡があったんだけど、なんでケンカしたの？　なにか嫌なことでもされた？」

「○○くんがぼくのことを悪く言ったから……」

「え〜、○○くんに嫌なことを言われたんだ。どんなことを言われたの？」

「うん……。○○くんが□□くんを連れてわざわざ来て、ムカつくんだよ、って言ったの」

と、怒った顔を見せる子ども。

お母さんも怒った表情で、

「そうなの！　突然、二人で来て、ムカつくんだよって、言われたのね。それは、△△も

腹がたつわよね！　お母さんだって怒るわ」

「そう」

「でも、どうして○○くんは、そんなことを言ってきたの？　心当たりはあるの？」

「○○くんとは朝、ボールの取り合いがあったんだよ。そんときはさぁ……」

〈感情との向き合い方〉どんな感情も否定しない

話を聞く中で、子どもが取り乱して泣き出したり、叫んだり、逆上してモノに当たったりする場面もあるでしょう。親としても胸が痛む場面です。

けれども肉体的に傷がつくような緊急時以外は、親が心得ておくべきは、第一段階で子どもの様々な感情の発生は否定しないこと。認めてやることで、必ず、その感情のピークが過ぎます。あまり良くない態度に出たとしても、できるだけその裏にある感情をくんでやります。子どもが、他者に迷惑をかけるような行為をしたら、その場では現実的に対応し、「行為」は注意しますが、必ずあとで「全部聞く」でフォローしてください。感情そのものを、頭ごなしに責めたり、叱ったりしないようにします。

〈悪い例〉

弟とのやりとりがエスカレートして、ついに弟を叩いてしまったお姉ちゃん。

「コラ！　ダメでしょ！　なんでそんなことするの！」

ワッと泣く娘。

「だって……」

と、ワンワン泣きながら手当たり次第にモノを投げます。

「なんてことするの！」

「だ、だって……」

「だって、何。ダメなものはダメでしょ！」

さらに泣く娘。

「泣いてちゃ、わからないわよ。ちゃんと説明しなさい」


〈良い例〉

お母さんは泣いているお姉ちゃんを抱きしめるなり、投げたら危ないものを素早くどかすなりした後、しばらく泣くだけ泣かせます。落ち着いたところで、

「○○ちゃん、どうしたの。悲しいの、くやしいの?」

「……怒っているの!」

「どうして怒っているの?」

「……落書きした」

「うん?」

「△△が、私のノートに落書きしたの」

思い出して、また泣く娘。またしばらく泣かせます。

「○○ちゃんのノートに落書きしたんだ。それで怒ったのね。それは嫌だよね」

(さらに泣き終わるのを待ち、落ち着いたところで)

「自分のモノに嫌なことされたら、悲しいよね。△△くんもお姉ちゃんに叩かれたので悲しいって。そういうとき、どうしようか」

〈親の気持ちの伝え方〉カウンセラーにはない親だけの役割

子どもとの対応に悩む人が、カウンセリングを勉強することも多いでしょう。ただ、聞き方のスキルを学ぶのはいいのですが、カウンセラー的態度をマネしてはいけません。

カウンセラーは、当事者ではありません。それが利点で、欠点でもあります。穏やかに聞けるのですが、どうしても第三者的な距離感があります。子育てに、カウンセラー的態度を入れると、少し「他人行儀」な感じになり、逆に子どもが心を閉じてしまう可能性もあります。一般的にカウンセラーは、具体的な対処法や、こう考えればいいという方向性を強くは提示できないのです。また、「私が守ってあげる」というメッセージもあまり強く出すことができません。

これに対し、親は躊躇《ちゅうちょ》なく、「私はあなたの味方」「あなたのどんな気持ちも認める」というー番重要なメッセージを伝えることができますし、「私だったらこうするよ」というモデルを示すことは、親だからこそ意味があります。

もちろん子どもには子どもの世界があり、親とは違うので、子どもに親の考えを強制してはいけません。そこはバランスです。

また、どんなに子どもの気持ちを尊重してやりたくても——例えば、あいつには二度と会いたくない、転校したいと言ったとしても——、物理的、経済的にそもそも無理な場合もあります。親の都合や現実的な条件もフランクに開示したほうが、子どもも納得して折り合うことができます。

子どもの悩みには、第三者的、カウンセラー的態度より、生身の親としての支援のほうが、うまくいきやすいのです。

〈問題解決のための目標の立て方、行動の仕方〉体は一つ、とれる行動も一つ

子どもの話を全部聞くことができたら、今度は、ではどうするのか「行動」を考える段階に移ります。ここでの親は、「問題解決」のための解決策と「感情のケア」のための解決策は、必ずしも一緒ではないということを理解しておく必要があります。

行動を考えるとき、カウンセリングの中でも私がよく教えていることは、「体は一つ、とれる行動も一つ」ということです。

「心の中に気持ちはいろいろある。そのすべての気持ちを認めてあげて、まずは心を整理しよう。そして、現実の問題もよく考えて、現実にはどうするか決めよう。いろいな気持ち、いろんな要求はあるけれど、体は一つだよ。とれる行動も一つだからね」

子どもが悩んでいるということは、葛藤しているということです。やりたい（気持ち）、やりたくない（気持ち）、やらなければならない（理性）、できるかどうか不安（気持ち）、でも期限が決まっている（理性）……。

例えば「○○になりたかったら、この学校に行くしかない、怖くても受験するしかない。だから早く願書をとれ」。これは、理屈です。問題解決の視点です。

子どもにも、それはわかっている、でも、願書をとったらやらなきゃいけない、やりたくない、失敗したら恥ずかしい……などといろんな気持ちがあり、そこにも折り合いをつける「総合解決策」を探してあげるのです。

これまでは、そんな気持ちなど無視して、我慢しなさい、それが大人になるということだ、と教えられてきたと思います。ただ、令和の時代はそのパターンでは立ち行かなくなる可能性が高いというのは、前半で説明してきた通りです。

具体的なスキルとしては、「心の会議」（139ページ）と「7～3バランス」（144ページ）が有効です。親が心しておきたいのは、これは、子ども自身のために行う、人生のトレーニングだということ。30年後、同じようなトラブルに遭遇したときに、子どもが自分の行動を選ぶための練習なのです。

そのために「行動」を選ぶのは、子ども自身でなくてはなりません。親が、親の責任で決めるのは結構簡単です。しかし、今本当に親が責任を果たさなければならないのは、子どもの悩みに対する対処法を練習して、自分なりの受け身のとり方を練習させることです。親が結論を授けたり、先回りしたり、行動を誘導したりするのは、できるだけ避けてください。

この段階で特に親が積極的にしてあげたいのは、子どもが「行動」を選べるように、行動の先を読んであげること。つまりシミュレーションを手伝うことです。現実社会での経験や知恵があり、シミュレーション力があるのは、人生の先輩である「親」だからです。親が、その「行動」の先に起こりうることを話してあげて、子どもが行動を選ぶサポートをしてあげるのです。

〈事例〉

同級生にいじめられて不登校になってしまったAくん。「心の会議」の結果、自分の中には、学校に「行きたい気持ち」も「行きたくない気持ち」もありました。今後どうしたらいいか、悩んでいます。お父さんは、

「今の学校に行きたくないという気持ちがあるならば、〝転校する〟という選択肢もあるよ。転校すれば、心機一転スタートできる。でもその反面、最初は新しい友達を作りにく

いかもしれないよ。お父さんもそうだが、お前も、人見知りするタイプだからな」と言いました。転校の選択肢を知ったAくん。少しホッとして、「思い切って転校しようか……」という気持ちが芽生えます。でも同時に、「大丈夫だろうか」「仲良くしてくれる友達とは離れたくない」という気持ちも出てきて、さらに悩みます。

お父さんは、そのすべての気持ちを認め、

「たしかに、今から転校することは、勇気がいるよね。勉強面も少しペースをつかむまでは時間がかかるかもしれない。でもそこはフォローするよ」

「〇〇くんたちと離れたくない気持ちもある？　そうだよね。そうしたら、今すぐ転校するのではなくて、もう少しだけ、先生に入ってもらうこともできるね」

などと、一つ一つの気持ちを丁寧にくみとり、「行動」のシミュレーションを続けます。

〈フォローするときの注意1〉　解決を急がない、1回で解決しないと心得る

この事例で、学校でのトラブルに悩んだ末に、「転校する」行動をAくんが決めたとしましょう。

でも、ここでくれぐれも気をつけたいのは、先述したように解決を急がないこと。親は

子どもが苦しむ姿は見たくないので、早くコトを解決したいような気持ちもあるでしょう。でも、

「よし。お前が決めたのなら。そうしよう。転校先への対応は俺がやる、お母さんは今の学校や友達への報告とフォローをお願いするよ。転校したらもう大丈夫だ。お前もつらかっただろうが、今度こそ頑張れよ」

などと、スカッと〝一件落着〟とはなりません。

子どもには子どもの世界があり、子どもなりの理解、価値観があるのです。もしかしたら、結論を出した後に迷いが出て「やっぱり転校はやめておく」と言い出すこともあるかもしれません。1回では解決しないものだと思っておきましょう。

また、このようなケースの場合、問題解決のために、子どもがエネルギーを消耗してしまっている場合もあります。問題は解決しても、感情はなかなか上がっていかない。疲労という側面で考えてみる視点も忘れないでほしいと思います。

〈フォローするときの注意2〉子どもがうまく行動できないときもある

「転校する」「トラブル相手とは会わない」「学校に行く」など、子どもが一つの行動を決

めたとしても、子どもは、上手に行動がとれないことも多いのです。

時間もかかるかもしれないし、途中で「本当にこれで良いのだろうか」と迷いが出たりして、うまく行動できないときもあるからです。先生への切り出し方がわからない場合もあるでしょう。

そんなときに親は決して怒ったり「あなたが決めたことでしょう」などと言って、無理強いをしたりしてはいけません。

「一晩どうするか考え直すこともできるよ。○○さんに相談してもいいね」というように先輩としてのアドバイスをしたり具体的なコミュニケーション（声の掛け方、言い回し）などを一緒に考えたり、練習したりするといいでしょう。ただ、何ごとも強制することだけは避けてください。「結局、自分では行動できなかった」と、将来にわたる潜在的な「不安」が残ってしまいます。

〈フォローするときの注意3〉親子で対立するときは

選んだ「行動」をめぐって、親子の意見が対立してしまうことも出てくるでしょう。気持ちは変化するものです（80ページ「12の特徴」）。また、親が、経験と知恵を持ってどんなに正しいと思ったことでも、子どもは反発する場合もあるし、理屈が立たないことを言う場合もあります。

ただしこの場合でも、親は問題を整理してシミュレーションしてあげるだけにしてください。隠れた感情がブレーキをかけている場合が多いのです。今はその感情がまだ表現されず、安心できる解決策に至っていないのです。体は一つ、とれる行動は一つ。二つの行動は選べないからです。

たとえ、対処が遅れ事態が悪化しても、それは子どもの小さな挫折体験として受け止めましょう。「決して小さくない。子どもの将来を決めてしまうことだ」と考えるかもしれませんが、子どもの内面が、そちらに行くことを拒んでいるのです。その感性を尊重してあげてください。

行動した（しなかった）ことで、子どもがさらなるトラブルを感じたとしても、それは、子どもが担っていかなければならないことです。親は子どもより早く死ぬ運命。ずっと面倒を見るスタイルではなく、経験値を上げ、一人で生きていける用意をしてあげることが、本当の親の愛であり、責任だと思います。

子どもがトラブルにあるとき、苦しいときは子育ての最大のチャンスです。

「どんな自分、どんな気持ちも認める」

「自分なりの意思、行動を尊重していい」

「行動は何度でも、やり直せる」

重要な価値観を、親の「メッセージ」として子どもに渡してあげられるからです。

そして、こうした「メッセージ」こそが自己肯定感を高めるスキルとなり、大人になってからも幸せに生きていける土台になるのです。

ケースごとのアドバイス1〈不登校になったら〉

ところで最近、子どもの「引きこもり・不登校」について、私のところへ相談に見える親御さんが増えています。こうした親御さんに、私がよくお話しするのは、引きこもりや不登校はむしろほめてあげてください、ということです。

引きこもりや不登校は、それ自体の問題は、それほど大きくありません。部屋の中で、自由に過ごせますし、誰かを傷つけたわけでもないのです。勉強が遅れることを心配するかもしれませんが、今やネットなどで勉強したければ、その気力さえあれば、どれだけでも勉強できます。友達ができないというのも、ネットを通じれば、それこそ無限のつながりが広がっていきます。

また、世の中に、一時的に引きこもって、その後リカバリーした人も、数えきれないぐらいいます。決して悲惨なことではないのです。

ところが、親が「悲惨な体験」と位置付けていると、それが態度に出て（＝メッセージとなって）しまいます。親のため息、「今日も学校に行かないの」の声掛けの一つ一つが、子どもにとって、やっぱり自分はダメなんだと、「挫折体験」を深めてしまうのです。

引きこもりは決して悲惨でも挫折体験でもありません。自分の「嫌」という感性を認識して、それを行動に起こせたのだから、これからの時代に必要なスキルを持っていたということ。将来有望です。確かに学校などでストレスに遭遇したこと自体は不幸です。しかし、それに対して、しっかり避けるスキルで対応できたということは、ストレス対処能力でも有望だということを示しています。将来、ブラック企業から逃げ遅れて、自殺に至るような危険性が少ないと考えていいでしょう。よかった、よかった。

親は、「よくやった。しっかり休養してから、自分で選択していけばいい。君なら、将来をしっかり生きていけるよ」と、言い続ければいいのです。

「不登校」のケースは、親御さんから、「子どもをカウンセリングしてくれ」「子どもの弱いところを補強してくれ」とお願いされることがほとんどです。

でも多くの場合、本人よりもまずは親御さんが、自分の中の不安の感情をよく整理することのほうが重要で、効果も大きいのです。ぜひ本書の序章から第3章までを読んでいただき、時代の変化と子どもに本当に必要となっていくメンタルスキルについて、しっかり認識・考察していただきたいと思います。

先日、とある会合に出席したときに、ご両親がある13歳の少年を連れてきました。不登校だそうです。私は、その少年とおしゃべりをしましたところ、とても驚きました。その少年は周囲の大人の誰よりも、ものしり博士なのです。

そして、彼が最近一番面白かったこととして、「飛行機で隣に大柄な人が座った場合の、世界の航空会社の対応の違い」を教えてもらったのです。

「よく知っているねえ。君はどこでそのことを知ったの」

と感心して聞くと、

「ユーチューブで知って、自分で調べた。全部、いろんな会社のホームページに載っているよ」

と、誇らしげでした。

学校である嫌な思いをしたことをきっかけに、学校には行っていない期間が1年近くになるそうですが、話し方もしっかりしていて、とても理知的です。ネット環境で自分の知りたいことを学ぶうちに、自然に様々なことを覚えてしまったそうです。

私たちは、少年がかもし出す知性に、すっかり魅了されてしまいました。

少なくともこの少年にとっては、学校も宿題も不要。「学校に行きなさい」とこだわる親だったら、彼はその意義について苦しむことでしょう。挫折を感じるかもしれません。

今の彼は、学校に行かないことのデメリットもしっかり自覚しています。

親のドンと構えた態度が、学校へ行くかどうかだけでなく、人生をどう生きるかを自分で選んでいいんだ、自分の感覚を大切にしていいんだという、彼の自尊心を育んでいます。この子はどんな将来でも、たくましく生きていけるな……そう思えるケースでした。

ケースごとのアドバイス2 〈いじめにあっていたら〉

子どもがいじめにあっていたら、親としては大変な怒りと悲しみを覚え、いじめっ子を突き止め、わが子を守りたくなります。

このケースでまずお伝えしたいのは、親は表面的ないじめっ子対策だけに終始しないということ。いじめっ子を威嚇しても、親の手の届かないところで相手の反撃にあい、わが子がさらに傷つく可能性もあるかもしれません。

わが子がいじめられているケースで親が大切にしてほしいのは、一部分の傷の手当てだけではなくて、ハート全体のケアをしつつ、その強さをアップさせてあげること。強さというのは、単に耐えることや言い返すことではありません。問題解決法のいかんにかかわらず、「自分はうまく対処した」と思えるように支えてほしいのです。つまり自信のケアです。

いじめというものすごい恐怖体験に対しても、親の保護を受けながら、何とかバランスよく対応できた……という体験は、将来新たな敵が来ても、何とか対処できるという「自分の能力を信頼する力（これが自信です）」につながります。

そのためのトレーニングだと思って、「心の会議」と「7～3バランス」で、子どもの意思決定をサポートしてあげてください。

とはいえ、親は決して、わが子から目を離してはいけません。子どもが頑張りすぎて消耗しそうなときや、いじめの相手の攻撃が予想以上に厳しいときなどは、すみやかに親が出ていって子どもを守ってあげてください。いじめは、動物的には「殺される」レベルの恐怖体験なのです。放っておいても、運が良ければ自力でいじめを乗り越えるかもしれませんが、後々「あのとき親は助けてくれなかった」「私は世の中でひとりぼっちだ」というメッセージが刷り込まれてしまいます。時間と手間とエネルギーをかけて、丁寧に、状況を子どもと情報共有してください。

親としては、

「いつでも話を聞いてあげる」

「いつでも親は味方で、あなたを守っている」

「親として出ていかなければいけないときはいつでも準備をしているし、実際にそうする」

この3つのメッセージを、前掲の「話の聞き方」「感情との向き合い方」「親の気持ちの伝え方」「問題解決のための目標の立て方、行動の仕方」を参考にして、子どもに伝え続けるのです。

できるだけ見守る態度を通しますが、子どもだけでは頑張れなくて親が出ていくべきときが来たら、ためらわず行動を起こす。リング脇で、ボクサーの戦いを見守るボクシングコーチのようなイメージです。

ケースごとのアドバイス3〈本人がいじめていたら〉

自分の子どもがほかの子をいじめていた事実が発覚したとき、親は大変な衝撃を受けます。「親はちゃんとした教育をしているのか？」という周囲の批判を浴びたり、「親として子育てを間違えてしまったのか」とショックを感じたりするでしょう。

このケースでも、親がまず優先するべきなのは、親である自分ではなく自分の子どもだということ。親が子どもに伝えるべきは「世界が敵に回ろうとも、親はあなたの味方である」というメッセージです。

ある中学校内で起きた、生徒の先生に対する暴力が、他の生徒が撮影した動画で拡散され、ニュースとして報道されたことがあります。昨今はいじめの事実が発覚した時点で、本人は学校、先生、地域、社会から強烈な「制裁」を受ける状態になっています。もちろんいじめや暴力は許されるべきではありませんが、このケースなどでは、いじめたほうも、「大きな挫折体験」を経験しています。

善し悪しの判断はしっかりつけたうえで、挫折した子どもの感情を、親は支えてあげるべきだと思います。世間からはバカ親と呼ばれるかもしれません。でも、今どう乗り切るかが、子どもの将来を決める部分があるのです。

「世界が敵に回ろうとも、親はあなたの味方である」という親のメッセージが、結局この子自身の今後の勇気になっていくのです。

親としての具体的な態度や方法は、前掲の内容と変わりません。「心の会議」と「7～3バランス」のスキルなどを使いながら、子どもの気持ちをまずは認めてやります。

そのうえで、親がシミュレーションを示してあげながら、解決のための行動を、子ども自身に選択させてあげてください。

謝るのも一つの解決法、主張するのも一つの解決法。転校するのも一つの解決法。どんな方法でもいい。どんなに困難でも、自分の力で乗り越えてきた、と振り返られるような体験にしたいものです。

親がただちに「行動」を起こすべきタイミングもある

ここまでお話しさせていただいた通り、子どもが悩んでいるときは、親は子どもの心の整理を手伝い（＝様々な気持ちを認めてやり）、一つの行動を選ぶサポートをする、親は「子どもの味方である」というメッセージを伝え続けるというのが基本的なスタンスです。

ただし、本人に次の様子が一つでも見られたら、どんなケースでもすみやかに親が出ていって行動を起こすタイミングだと考えてください。

- **肉体的に傷つけられる、傷つけた、など、命の危険がある**
- **リストカット、頭を打ち付けるなど、自傷行為がある**
- **「死にたい」気持ちが出ている**

以上のことがあったら、受け身の練習をやれる状態ではないぐらい、心が消耗しているかもしれません。すみやかにメンタルヘルスの専門家に相談するなどして、子どもの心と体を守る対策をとりましょう。

受け身練習は、元気になってから再開すればいいのです。

支援の場面で親が心得ておきたいこと

ここまで、子どもの心に対して、親がどのように支援していくのかを紹介してきました。「心の会議」を行い、子ども自身が行動を決めていく。子どもの悩みを支援していくとき、どの段階にあっても、親は次に挙げることを心得てください。

親も心の整理を行っておく

子どもが苦しんでいる姿は親としても動揺を感じる場面です。でも、親自身はなるべくニュートラルな状態で、子どもの相談にのれるようにしたいもの。相談にのる前に、親自身も「心の会議」を行って、ある程度でかまわないので、心の整理をつけておきましょう。

子どもの「疲労ケア」に最大限気を配る

疲労と感情は直結しています（84ページ参照）。子ども自身はトラブルの渦中で、心身共に疲れきっています。早く「心の会議」や行動の選択に取り掛かりたくても、疲れているときには、感情が大きく発動してしまい、良いプロセスにはならないでしょう。子どもの疲労が強いときには、睡眠と休養を最優先にしましょう。間違っても「徹夜で家族会議をしよう！」などと、考えないようにしてください。

子どもは全部話すわけではない

親は子どものことを全部把握したい、という気持ちが強いものです。

本章の初めのほうで、まず子どもの話を「全部」聞くことが大切、と強調してきました。これは、「子どもが話したいと思うこと」を全部聞く、ということで、親が何でも把握しろと言っているのではありません。

親が把握したいと思うのは、自分が問題を解決して、安心したいためです。もちろん緊急事態では必要かもしれませんが、多くの場合は子どもの悩みは小さな挫折体験、受け身の練習としてとらえてあげてください。

実際に、子どもは、親にすべてを話すわけではありません。話さなくていいのです。それが普通です。考えてもみてください。例えば会社で、一人のヒラ社員が、社長に自分についてのすべてを話せるでしょうか。話したいでしょうか。子どもだって、親だから内緒にしておきたい出来事や内面だってあるのです。

だから、親は「話してくれない」と悲観的になることはありません。「子どもの話を全部聞く」のは大事ですが、必ずしも子どもは全部話すわけではないことも、また理解しておきましょう。

外部の力も「上手に」借りる

親は、親としての責任を果たしていない、子どもをコントロールしていない、親のくせに問題解決能力がない、などと非難される不安で、問題を家族内で抱えがちになります。ところが、その姿勢（価値観）は、しっかり子どもに受け継がれ、トラブルがあっても、他者の支援を求めず一人で頑張り続ける大人になってしまいます。令和のストレス時代には、とても危うい姿勢です。

親は、ぜひ「他者を頼る」勇気を自ら示してあげてください。

かといって完全に依存せず、専門家の意見は参考にする程度です。必要な支援を得つつも、それに自分たちで現状をしっかり把握し、自分たちで流れを読み、自分たちで行動をしていくＯＯＤＡループを示してほしいのです。

おわりに

子育てはトラブルの連続。親は、トラブルごとの正しい対処を求めるでしょう。ただ、残念ながら、一つの子育てトラブルでも、その子の年齢、親の経験値、コミュニケーション能力、援助者の有無、トラブルの内容などによって、対処法は変わるのです。「正しい対処」という魔法を追い求めるより、現実をよく観察し、何が有効かを試行錯誤していくことのほうが重要です。本書ではその方法論をお伝えしてきました。

実は、このＯＯＤＡループは私にはとてもなじみのある思考法なのです。というのも、私は30年勤めた自衛隊で、変動の激しい環境の中で意思決定をするための「状況判断」という思考法を鍛えられてきたからです。そこでは、任務をもとにしっかり現状を観察し、そのトレンドを見極め、計画を立て実行する、そしてその状態をまた観察し新しいトレンドを見抜くという、サイクルを回していきます。現状分析では、敵情だけでなく、自分の状態や環境の状態も把握しますし、時間経過による変化予測も立てていきます。

私が、門外漢であるような「子育て」についてこのような本を書かせていただこうと思ったのも、カウンセリング現場でお会いする親御さんやお子さんを観察して、きっとお役に立てると感じたからです。

任務は、「子育て」。子育ての目標とは何か、から考察しました。子育ての一般的な目標は、「その子が大人になったときに幸せになれるスキルを身につけさせること」という前提で、考察を進めました。

今の子どもが大人になる時代を予測すると、これまでに人類が経験したことのないような大きな変化が想像できます。その環境の中で幸せになる要素とは……。

本書を書き進める段階でも、ＯＯＤＡループを常に回しながら、進めてきたように思います。例えば、普通ならこのような単行本に、時事ネタは書きません。書籍は長く読み継がれることを念頭に置いているからです。でも、私はたくさんのせました。

というのも、本書が効果的な情報を発信できる期間は、それほど長くないからです。少なくとも本書が未来と想定している令和30年には、「この本の冒頭のシナリオ、かなり違うじゃん」ということになっています。「２００1年宇宙の旅」みたいな感じです。これも、書きながら考えるというＯＯＤＡで、考察して決心したことです。一般的な書籍の発想ではなく、出版というメディアがものすごい勢いで変化しつつある中での、本書の出版。どのようなスタイルがよいかは、誰も教えてくれない。自分で模索して、自分で結論を出さなければならないのです。

そんな、模索の連続の中で、本書の執筆は進みました。

ライターの向山さんは、私の勝手な発想と発言に振り回され、まさにOODAループを回しまくって構成してくださったでしょう。

編集の庄山さんは、初めての出産という大イベントを抱えながら、本書の編集を担ってくださいました。私と向山さんは、庄山さんの状況をよく観察しながら、庄山さんも私たち二人の状況を観察しながら、チームとして、締め切りとの兼ね合いの中で、意思決定をし、行動に移して何とか、上梓にこぎつけたのです。

令和の子育てでの「正解」を求めて、本書を紐解いた方も多いと思います。そのご期待には応えられなかったかもしれませんが、お子さんとご自分の将来を真剣に考えてみる一つのきっかけになれば幸いです。

下園壮太

下園壮太（しもぞの・そうた）

メンタル・レスキュー協会理事長、同シニアインストラクター。元・陸上自衛隊衛生学校心理教官。平成８年より陸上自衛隊初の心理幹部として多数のカウンセリングを経験したのちに陸上自衛隊本部のメンタルヘルス担当として、長きにわたり自衛隊の衛生隊員（医師、看護師、救急救命士等）やレンジャー隊員等に、メンタルヘルス、自殺予防、カウンセリング、コンバットストレス（惨事ストレス）コントロールを教育。平成27年８月退職後は、メンタルレスキュー協会で理事長、講師として、企業での個別メンタルケア、全国の市町村で講演を続けている。
著書に『うつからの脱出』（日本評論社）、『自衛隊メンタル教官が教える 人間関係の疲れをとる技術』（朝日新書）など多数。

装丁・デザイン　山原 望
イラスト　さげさかのりこ
企画構成　向山奈央子

令《れい》和《わ》時《じ》代《だい》の子《こ》育《そだ》て戦《せん》略《りゃく》

2019年８月21日　第１刷発行

著　者　下園《しもぞの》壮《そう》太《た》
発行者　渡瀬昌彦
発行所　株式会社 講談社
　　　　〒112-8001 東京都文京区音羽 2-12-2
電　話　販売 TEL 03-5395-3606　業務 TEL 03-5395-3615
編　集　株式会社 講談社エディトリアル
代　表　堺 公江
　　　　〒112-8013 東京都文京区音羽 1-17-18　護国寺SIAビル6F
電　話　編集部 TEL 03-5319-2171

印刷所　株式会社新藤慶昌堂
製本所　株式会社国宝社

　ISBN978-4-06-516841-7